人生後半戦の生き方戦略

40歳からの 大人の 占星術

みらいみく
miraimiku

日本文芸社

占星術は、大人にこそ必要なツールです。

なぜならば、大人を生きることは、悩ましいことの連続だから。
やっと自立した！ようやく仕事に慣れた！ついに家庭を持った！と、
ライフイベントが終わっても、「大人」はまだまだ終わりません。

40歳にも差し掛かれば、今まで通りではいかないような、
今まで通りだと停滞してしまうような…。

自分が納得する生き方を模索することは、
容易なことではありません。

「自分らしさ」というしがらみが40代を締めつけ、
「自分はこれからどう生きていけばいいのか」
という不安を駆り立てるのです。

この40代の壁はくせものです。

でも、この壁が出現するのは、自分だけではありません。

多くの人が、壁の前で立ち尽くしたり、
座り込んだり、登ろうとして登れなかったり、
どう壊そうか、乗り越えようか、模索しています。

そして、この壁の存在にうっすらと気づいている、
この本を手に取っているというだけで、
状況は良い方向に動き出しています。
占星術は、40代以上の大人にこそ、役立ちます。

あなたが持っている武器を、
強さを、そして弱さを教えてくれます。
それらは、目の前の壁を壊すために役立つはずです。

「大人の思春期」
ミッドライフ・クライシス

30代後半〜50代の8割が経験するという「ミッドライフ・クライシス」。
現在、私自身もその真っ只中にいる1人です。
日本語では「中年の危機」と訳されたりしますが、
個人的には**「大人の思春期」**という表現が、しっくりくる気がしています。

これまで時間をかけてきた仕事や子育てが一段落する、
あるいはマンネリ化する中で、
燃え尽き感、停滞感、無気力感のようなものに苛まれ、
何をしていても「心ここにあらず」といいますか、
ぼんやりと空を見つめる時間が多くなる時期です。

同時に、自分の体力の衰えを実感する頃でもあったり、
親の介護や親族の弔事、同世代の病気など、
「死」を身近に感じ始めたりすることで、
「家族との関係性は、このままでいいのだろうか」
「今の仕事は、本当に自分に合っているのだろうか」
「残りの半生、どんなふうに生きていけばいいのだろうか」
「どんなふうに幕閉じするのが、幸せな生き方なんだろう」
「そもそも、自分は、何のために生まれてきたのだろう」

こうした"根源的な問い"がたびたび脳裏をよぎり、
将来への漠然とした不安や焦りが、胸にのしかかります。

ぐるぐると答えの出ない「自問自答」で埋め尽くされ、
心は多感なのに、頭の中は、常に朦朧としている———
そんな状態が続くようなしんどさがあるのではないでしょうか。

実は、40代には2つのミッドライフ・クライシスがやってきます。

1つは、人生の折り返し地点に差し掛かったことによる
「人生的ミッドライフ・クライシス」。
もうひとつは、星の動きによる
「占星術的ミッドライフ・クライシス」です。

前者は、人生の後半戦に向けて、これまでの生き方を見直し、
新たな目標を設定する中年期に起こります。
後者は、惑星の運行サイクルに基づくもので、
自分自身のアイデンティティや存在価値を問い直し、
人生の意味を探求する時期にあたります。

この2つのクライシスが重なり合うことで、
40代前後の多くの人が、今まで経験したことのないような
不安感や無力感を抱えることになるのです。

「自分らしさ」がわからなくなった世代

ここで少しだけ、私の自己紹介をさせてください。
人材採用・人材育成の仕事に約10年携わったのち、占星術師として約8年、
日々、クライアントさまの語ることに耳を傾けてきました。
現在、私の個人鑑定には、まさにミッドライフ・クライシスに該当される
40代〜50代の方が圧倒的に多くいらっしゃいます。

1つの悩みに苛まれているというよりも、
人生後半戦をどう生きるか？を、考えている。
その上で、「改めて自分のことを理解したい」という方、
自己分析や自己理解のためにいらっしゃる方がほとんどです。

周囲に合わせるように生きてきたけれど、
あと残り半分は「自分の人生」を生きたい。

けれども、
自分の好きなことがわからない。
何をしたいのかわからない。
「自分らしさ」がわからない───

周囲に合わせすぎて、自分の気持ちを後回しにしすぎて、
「自分がどんな人間だったのか、忘れてしまっている」方が
多くいらっしゃることを、鑑定の現場で目のあたりにしています。

けれども、ホロスコープをもとに対話を重ねていくと、
「そういえば、自分はこれが好きだった！」
「そうそう、昔はこんなことをやっていたんです」
皆さま、子どものように無邪気な顔で
イキイキとお話しされるようになっていきます。

「忘れていた自分」を取り戻していくプロセスは、
人生後半戦を生きていく上で
まず最初に手掛けなければならないことなのかもしれません。

そして、自分を取り戻してイキイキされたあと、
最後の最後で、多くの方が同じようなセリフを仰ることにも気づきました。

「本当に、やってもいいんですよね!?」

これは、自分で自分に「許可」が出せない、
誰かに「許可」を出してもらわないと動けなくなっている方が多いということ。
…許可が出せない？　大人なのに？
これには、そうなるべくしてなった背景があります。

急激な社会的風潮の変化、
それについていけない世代

占星術的にいえば、2020年末まで続いた「地の時代」は、
道しるべとなるような"模範"や"モデルケース"があり、
答えや方法論が、常に外側から提示される時代でした。
あるいは、"あるべき姿"を押しつけられてきた、
ともいえるかもしれませんね。

会社や組織などの集団社会に"馴染むこと"が重んじられ、
個性が際立つ人ほど、釘を刺されたり、疎外されたりして、
生きづらい世の中だったかもしれません。

列を乱さないよう、1人だけはみださないよう、
空気を読んで、みんなと歩調を合わせて。

個性を発揮するどころか、いわば「個性を封じ込められてきた」
地の時代を生きてきた私たちは、
いつの間にか、自分の持ち味や個性を忘れ、誰かからの指示や許可がないと
身動きが取れない"体質"になってしまったのかもしれません。

自己肯定感の低さ、自分の決断や行動に自信が持てないというのも、
個性を封じ込められてきたからこそだと思うのです。
一転、今はどうでしょうか。

「風の時代」に切り替わった2021年以降、
たった数年で、まるで世界が180度ひっくり返ってしまったかの如く、
個性重視、個性ありき、独立独歩の時代に一変しました。

ただでさえ悩み深い「大人の思春期」真っ只中の私たちは、
「集団調和」が美徳とされてきた地の時代から
「個性讃歌」の風の時代へ、

**あまりにも急激な社会的風潮の変化についていくことができず、
もがいている方が沢山いらっしゃるのがリアルな現状なのです。**

けれども、もがいているということは、たとえ具体的にわからなくても、
「何かやりたい」という想いがあるからこそ。

自分にもまだ、何かできることがあるのではないか。
「自分の持ち味」を活かして、世の中の役に立てることがあるのではないか。
この世で生きる意味、私にしかできない「使命」があるのではないか――
ただ、その糸口が見つからずに、モヤモヤしているだけなのです。

「人生の折り返し地点」ではなく
「新たなスタートラインに立つとき」です

ミッドライフ・クライシスは、暗雲立ち込めるものではありません。

これまでやってきたことに意味や価値を見出だせなくなる、
これまで魅力を感じていた世界に興味が持てなくなるなど、
自分の考え方や価値観もガラリと変わっていく中で、
**「人生後半戦に向けてどう生きていくか」を
ゼロベースから真剣に考え始めるタイミングだといえるのです。**

ミッドライフ・クライシスは、
「人生の折り返し地点」ではなく、
「新たなスタートラインに立つとき」です。

仕事をテーマにして考えれば、
「セカンドキャリア」の幕開けともいえますね。
この本を書いている私自身も、やはり、40歳になったあたりから、
本当に自分がやりたいこと、本当の意味での「自己実現」に向けて
最初の一歩を踏み出した、本格的に舵を切ったように思います。

今、この本を手に取ってみたあなたに必要なことは、次の3つ。

- ✓ 「忘れていた自分」を取り戻す
- ✓ 人生後半戦をどう生きたいか、「目標」や「基準」を明確にする
- ✓ 自分で自分に「許可」を出す

本書では、「自分は何をすればいいか」を誰かに教えてもらうのではなく、
「自分が何をしたいのか、自分で気づく」という大きな目的のもと、
出生ホロスコープの個人惑星で「自分が持っている武器」を知り、
木星・土星で「未来のための指針」を導き、
ドラゴンヘッドで「今世の使命」を読み解き、
惑星年齢域やトランジットで「過去・現在・未来」を繋げていきます。

「自己実現」という枠を超えて、「使命感」や「他者貢献」の意識を持つこと、
世の中の役に立てているという感覚──「自己有用感」による「自信」──が、
人生後半戦を輝かせるための大きなカギになるでしょう。

現在40代以降の世代は、時代背景的に「スポ根魂」が備わっている方が多く、
元来、パワフルでタフな世代でもあります。
「何をやるか」が定まりさえすれば、
若手を凌駕するほどのパワーを発揮するはず！

この本と一緒に自分自身と向き合い、
忘れていた自分を呼び覚まし、
眠っていたポテンシャルを開花させていきましょう。

miraimiku

あなたはこんな気持ちを抱えていませんか？

**人生の後半戦を
どう生きていくか模索している**

40代は人生の折り返し地点に立ち、これからの生き方に迷いを感じる時期。自分らしい人生を歩むために、一度立ち止まって考えてみましょう。新たな可能性に気づくチャンスが訪れています。

**自分の強みや個性が
わからなくなってしまった**

**「自分らしさ」を
取り戻したい**

**人生に新しい意味を
見出したい**

**今の生活に停滞感を感じ、
変化を求めている**

**自分の価値観が変化し、
何が大切なのかを
問い直している**

今までの生き方では満たされなくなったと感じているなら、それは価値観が変容している証。自分にとって本当に大切なものは何か、改めて見つめ直すことで、人生の新しい意味を見出せるでしょう。

**周囲の期待に応えるだけの
人生から脱却したい**

敷かれたレールの上を歩くことに疲れたと感じているなら、内なる声に耳を傾けてみましょう。「自分の人生の主人公は自分」です。未来を選択する勇気を持つことが、充実した人生への第一歩となるはずです。

自分に向き合い、自分を知り、人生の転換期を乗り切ろう

こういった気持ちを抱いているあなたは、ミッドライフ・クライシスの真っ只中にいるのかもしれません。そして、それは新たなステージへ踏み出すためのチャンスなのです。本書では、占星術から見るミッドライフ・クライシスと、人生の折り返し地点に起こるミッドライフ・クライシスの両面から、この時期を乗り切るためのポイントを読み解いていきます。

自分自身の内なる声に耳を傾けることで、これからの人生を主体的に生きるためのヒントが見えてくるはずです。

星とともに今の「自分の壁」を見つめる ➡ P.17〜

まずは今の状況を乗り越えるために、どの惑星の力を借りればいいのかを見ていきましょう。
モヤモヤした気持ちの正体を知ることで、前に進むためのヒントが見えてきます。

惑星を通してモヤモヤの正体がわかる！

本質的欲求➡**月**　　才能と仕事➡**水星**　　愛と豊かさ➡**金星**

あなたにしかできないこと➡**太陽**　　自己アピール➡**火星**

理想と夢、恵まれていること、財産、還元できる分野➡**木星**

ルールと目指す完成形、乗り越える試練➡**土星**

使命、使命を果たす舞台➡**ドラゴンヘッド**

ページの見方

Ⓐ それぞれの惑星の担当分野

水星なら人間関係やキャリアイメージ、金星なら喜びや楽しみなど、それぞれ
の担当分野に合わせて「自分の壁」と向き合います。

Ⓑ 今抱えている悩みの内容

現状抱えているモヤモヤの正体を丁寧に見つめます。

Ⓒ 自分を見つめる＆壁を壊すためにどうするべきか

その問題を解決するためにどうするべきか、テーマを明確にしましょう。

Chapter 2

ホロスコープで自分の強みを知る ➡P.39〜

➡P.39〜

悩みや課題が整理できたら、あなたが生まれながらに持っている力を見直します。
自分の出生ホロスコープを作成し、自分が持っている星=自分の武器を知りましょう。

\ まずは /

ホロスコープを作成しよう!

自分が生まれたときの惑星の配置からホロスコープを出すことができます。

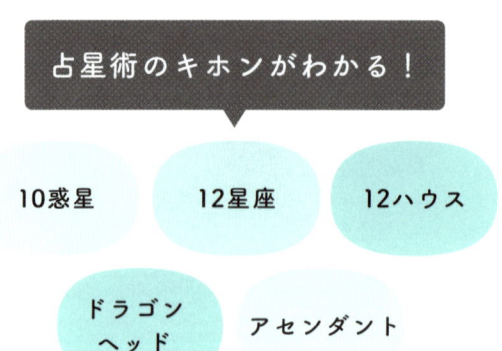

占星術のキホンがわかる!

10惑星　12星座　12ハウス

ドラゴンヘッド　アセンダント

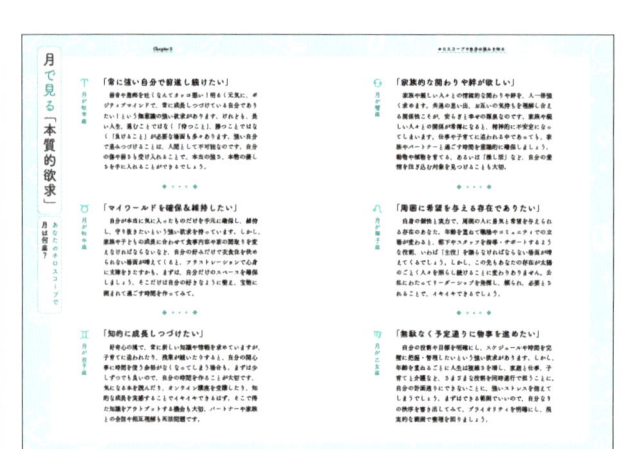

星を通して
あなたの強みが
わかる!

それぞれの惑星の星座と
ハウスから、あなたが生
まれ持った才能や個性を
読み解き、自信を取り戻
すための第一歩を踏み出
しましょう。

Chapter 3

星のワークで人生後半戦の指針を導き出す ➡P.115〜

それぞれの惑星の年齢域から長期的な人生計画を、
運行中の惑星の配置から短期計画を立てましょう。

長期計画が立てられる！

月（0〜7歳）　水星（8歳〜15歳）
金星（16歳〜25歳）太陽（26歳〜35歳）
火星（36歳〜45歳）　木星（46歳〜55歳）
土星（56歳〜70歳）

＋

ドラゴンヘッド（ターニングポイント、使命）

Step 1

「惑星年齢域のワーク」

惑星ごとに対応する年齢域が決まっています。
その時期の自分を振り返しましょう。

▼

Step 2

「人生計画表」

惑星年齢域を活かしたワークと、使命を表す
ドラゴンヘッドのワークをしたあとに、「人
生計画表」を作成しましょう。

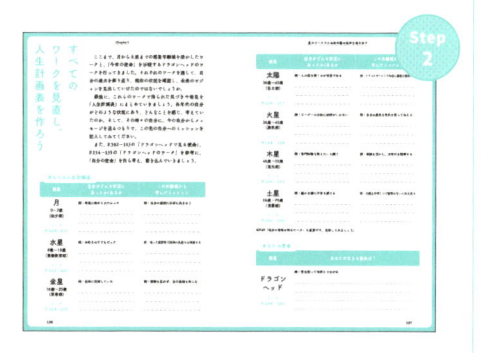

短期計画が立てられる！

運行中の木星と土星、火星、そして新月・満
月に注目し、それぞれの星の影響を受けるタ
イミングをチェックして短期の計画を立てま
しょう。運勢を見るのにも役立ちます。

「追い風効果」
木星

「熱風効果」
火星

「向かい風効果」
土星

スタートと
振り返り
新月・満月

巻末の運行表を
活用して！

Contents

Chapter 1　星とともに 今の「自分の壁」を見つめる

Chapter 2 ホロスコープで 自分の強みを知る

Chapter 3 星のワークで人生後半戦の指針を導き出す

星とともに
今の「自分の壁」を
見つめる

親や家族や会社のために
生きてきたけど… 自分の欲求は？

> 子育てに専念してきたけど、
> 子どもが大きくなって、
> 「人生の目標」を見失ってしまった

> 気づけば友人づき合いが
> なくなり、最近になって
> 「孤独」を感じるようになった

> 「親が望むレール」を
> 歩んできたけど、人生これで
> 良かったのかと後悔している

本当の自分は何を望んでいるのか

　仕事や子育てに追われる日々において、周囲の気持ちを優先し、自分の気持ちを後回しにしてきた結果、いつの間にか自分自身を見失ってしまった。「私の人生はどうなっているんだろう？」と自問自答する時期が訪れます。40代は、今までの人生を振り返り、これからの人生を見据える大切な時期です。しかし、その過程で、**「私は何のために生きているのか？」「私の本当の望みは何なのか？」**といった、根本的な問いに直面することになります。

　若い頃から周囲の期待に応えようと「いい子」でいることに慣れている人ほど、40代になって初めて、ハッと我に返り、「自分らしさ」を問い直すきっかけが訪れるのではないかと思います。

　「本当の自分を認めてほしい」「ありのままの自分をわかってほしい」というのは、多くの40代が抱える葛藤。これは、占星術の視点でいうなら「月」と関わりが深い悩みだといえるでしょう。

「月」が象徴する自分自身の本質的欲求と向き合う

ここで大切なのは、サボらずに、面倒くさがらずに、時間をかけて、一つひとつの自分の感情や欲求と向き合うこと。**本来の自分を丁寧に見つめ直し、自分らしい生き方を探求すること**が、この悩みを乗り越えるための唯一のカギとなります。

　家族や大事な人のために尽くすのは素晴らしいことですが、自分自身の幸せを犠牲にしたり、自分に対してザツになったりしていませんでしたか？自分自身を大切にし、自分の人生を生きることを優先する。「自分の人生の主人公は自分」であることを、思い出しましょう。

　自分の内なる声にしっかり耳を傾け、本当は何を望んでいるのか、何に喜びを感じるのかを見つめ直すこと。感情に正直になり、心に従って行動すること。それが「私らしい人生」を歩むための第一歩になります。

　家族や大事な人との関係性を見直すことも大切。自分の気持ちを伝え、相手の気持ちも受け入れながら、互いに尊重し合える関係性を築いていきましょう。

　これらは、この先の人生をより良く生きるための大事なステップです。自分の中にある「月」と向き合う勇気を持ち、「丸裸の欲求」を見つめることで、40代以降のステージを、自分らしく、豊かに生きていくことができるはずです。

壁と向き合うためのテーマ

- ● 内なる感情や欲求と向き合い、「本来の自分」を思い出す
- ● 自分自身をザツに扱うのではなく、丁寧に尊重し、自分の人生を生きることを「許可」してあげる
- ● 家族や大事な人との関係性を見直し、自分の人生とのバランスを取る

自分の「月」を受け入れ、癒す

P.42で自分のホロスコープを作成して

➡ **P.70〜** 「月で見る本質的欲求」をCheck

自分らしい仕事や働き方が
できているのか？

貫いてきた自分のやり方では、時代や環境の「変化についていけていない」かも

会社や上司の言うことに従ってきたけど、「本当にこのままでいいのか」疑問を感じ始めている

立場が変わって同僚との交流が減り、「寂しさ」を感じる

ランチどこ行く？

自分らしい働き方はどんなものなのか

「仕事に停滞感がある」「今の仕事は、本当に自分に合っているのだろうか」…。40代以降の多くの人が抱える課題です。これは、占星術の視点でいうなら「水星」と関わりが深いテーマだといえるでしょう。

年齢に伴って、求められる責任やワークポジションが変化し、仕事との向き合い方が大きく変わる時期。また、子どもがいる場合は、子どもの成長とともに家族の生活スタイルが大きく変化する時期でもあります。

会社においても、家庭においても、周囲から求められる役割が押し寄せてくる中で、**「自分らしい働き方とは何か？」「周りとどう向き合っていくべきなのか？」**といった問いに直面することになります。

上司や同僚とうまくやることに慣れ、自分の意見を主張することを躊躇してしまう。そんな人も多いでしょう。40代になってから初めて、「自分らしいキャリア」を模索するきっかけが訪れるのです。

「水星」が象徴する
自分の思考や仕事観を見つめ直す

　ここで大切なのは、自分の仕事観と向き合うこと。そして、何にやりがいを感じるか、何を大切にしたいのか、どんなふうに働きたいのかを見つめ直すこと。**自分が本来持っているはずの価値観に正直になり、自分の思考に従って行動**していきましょう。それが、今後のキャリアを築くための第一歩となります。

　会社や上司からの期待、ビジネスパートナーやお客様が求めることに応えることも大切ですが、自分の価値観、自分が守りたい生活の在り方を、後回しにしすぎてはいませんでしたか？
　さらに、職場の同僚との関係性を見直したり、プライベートとキャリアとのバランスを取るために新しい試みを始めたりすることも必要不可欠です。職場の風土や周囲の意見に合わせすぎるのではなく、自分が大切にしたいことにも力を注げるよう、未来志向のコミュニケーションを心がけましょう。

　自分の中にある「水星」と向き合う勇気を持ち、自分の思考や価値観を見つめることで、40代以降のキャリアを、充実したものにしていくことができるでしょう。

壁を壊すためのテーマ

- 内なる考え方や価値観と向き合い、
  「自分がやりがいを感じる仕事」をイメージする
- あなた自身の生活や人生を大切にし、
  その上で、自分のキャリアイメージを再構築する
- 仕事上の人間関係を見直し、自分自身とのバランスを取る

自分の「水星」を武器にするヒントは　P.42で自分のホロスコープを作成して
➡ P.74〜「水星で見る才能と仕事」をCheck

人生を楽しめているのか？
自分にとっての喜びや幸せは？

> 若い頃は趣味に没頭していたけど、最近は全然触れていない

> 昔はオシャレも楽しんでいたけど、今は「見た目に無頓着」になってしまった

> 恋愛したい気持ちはあるけど、パートナーとは「マンネリ化」している

着る機会がないなぁ…

人生の喜びややりがいをどこに見出していくか

「自分らしい趣味や楽しみを持ちたい」「自分の人生をもっと豊かにしたい」という気持ちが、40代以降から大きくなってきたという人もいるでしょう。

　けれども、仕事や家庭に追われる中で、**いつの間にか、心から湧き上がる喜びや、時間を忘れて取り組む好きなことを見失ってしまった**。次々に目の前に現れる「やるべきタスク＝MUST」をこなすことに必死で、「やりたいこと＝WANT」がわからなくなってしまった——というケースが多いのではないでしょうか。これは、占星術の視点でいうなら「金星」と関わりが深いテーマです。

　若い頃のあなたは、自分の趣味や恋愛に熱中できていたはず。年齢を重ねるごとに、周囲から求められる義務や責任を果たすことに慣れていき、自分の喜びや満足感を後回しにしてきた結果、40代になって初めて、「自分らしい人生の楽しみ方」を問い直すきっかけが訪れるのです。

「金星」が象徴する
自分のトキメキやワクワクを研ぎ澄ます

　ここで大切なのは、忙しい日常の中でも少しだけ自分時間を確保し、自分が何にワクワクするのか、どんなことに喜びや快感を抱くのか、自分のハートに手を当て、心の中から感じ直してみること。

　理屈ではない「感性」を重視した行動を選択することが、今後の人生に華やぎや彩りを添えるための第一歩となるでしょう。

　パートナーやプライベートの交友関係を見直すことも必要不可欠です。マンネリ化した関係性に新しい風を吹き込ませるべく、お互いの魅力を再発見できるような試みを、創意工夫していきましょう。

　時代のトレンドや世間のレビューではなく、自分自身の胸が高鳴るようなトキメキやワクワク、自分の「幸せ感度」を研ぎ澄まし、自分らしい豊かさを探求すること。そして、大切な人との関係性を見つめ直し、自分の幸せとのバランスを整えること。これらが、この先の人生をより豊かに生きるための大事なステップになるはずです。

　自分の中にある「金星」と向き合う勇気を持ち、人生の喜びを見つめることで、40代以降のステージを、より楽しみながら過ごすことができるでしょう。

壁を壊すためのテーマ

- 内なる喜びやワクワクと向き合い、
  「自分にとっての幸せ」をイメージする
- あなた自身の好みや美的感覚を大切にする
- パートナーや友人との関係性を見直し、
  一緒に楽しめる方法を創意工夫する

自分の「金星」の喜びを知るヒントは P.42で自分のホロスコープを作成して
➡ P.78〜 「金星で見る愛と豊かさ」をCheck

「私だからこそできること」が あるのではないか？

積極的に行動を起こすのが苦手で、「やりたいことがわからない」

何かしてみたい気持ちはあるけど これといった特技がなく 「自信が持てない…」

周りには優秀な人が多くて、「コンプレックスを抱いてしまう」 でも…自分らしい方法でできることは？

あなただからできることは必ずあるはず

「自分だからこそできることを見つけたい」という追い立てられるような 想いが、40代になってから日に日に大きくなってきます。これは、占星 術の視点でいうなら「太陽」と関わりが深いテーマだといえるでしょう。

忙しさの中で、**自分の強みや個性を見失い、周りと比べて自信をなくし、 自分の可能性を信じられなくなっている人もいる**かもしれません。

40代〜50代は、人生の黄金期。積み重ねてきた知識や経験を活かして、 これからの人生でどんな価値を創造していけるのかを考え始める大切な時 期です。

しかし多くの人は、若い頃は可能性を信じて体あたりで前進できていた のに、年を重ねるとともに失敗を恐れる気持ちのほうが強くなり、身動き が取れなくなりがち。周りの目線や評価も気になって、自分の個性を発揮 することを躊躇してしまうようになります。そんな中で、40代になって初 めて、「自分らしい生き方」を問い直すきっかけが訪れるのです。

「太陽」が象徴する
自分の生命力や創造力を発揮する

「太陽」は、生命力や創造力の象徴。他者に何かを求めるのではなく、自ら光を生み出し、周囲にパワーを与える存在です。ここで大切なのは、自分の存在価値やアイデンティティと向き合うこと。**どんな場所で自分が（太陽のように）イキイキ輝けるのか、他者に対してどんなパワーを与えられるのか**を見つめ直し、自分だからこそできることに挑戦していきましょう。

　自分の価値や可能性を信じ、あなたならではの生き方を追求すること。なんとなく「右へ倣え」で動くのではなく、主体的に考え、自分の独自性をイキイキと発揮することでこそ、周りにプラスの影響を与えることができるのです。
「自分には存在価値がある」と思えるようになるためには、たとえささやかであっても、「誰かの役に立っている」という感覚が重要です。その小さな積み重ねが、「自己有用感」や「自信」に繋がっていきます。

　自分の中にある「太陽」と向き合う勇気を持ち、あなたの存在価値や可能性を信じることで、40代以降のステージを、自分らしく、力強く生きていきましょう。

壁を壊すためのテーマ

- ●「自分だからこそできること」を追求し、存在価値を高め、自信を持つ
- ● 主体的に行動を起こし、周囲にプラスの影響を与えていく
- ● 社会と繋がりながら、独自の価値を創造していく

自分の「太陽」を輝かせるヒントは　P.42で自分のホロスコープを作成して
➡ P.82〜「太陽で見るあなたにしかできないこと」をCheck

自分のやりたいことや言いたいことを我慢し続けてきたのではないか？

> 自分の意見を言うと
> 空気が悪くなりそうで、
> 言いたいことがあっても
> 「いつも我慢」してしまう

> 周囲と衝突するのが怖くて、
> 「本音が言えない」

> 自分の欲望を表に出すのが
> 恥ずかしくて、無意識に
> 抑え込んでいる気がする

本音を、もっと素直に表現していこう

　40代以上の多くの方は、若い頃から**周りに合わせて同調することに慣れ、自己主張したり自己アピールしたりすることをためらってきた**世代かもしれません。これは、占星術の視点で言うなら「火星」と関わりが深いテーマだと言えます。

　周囲との摩擦や衝突を避けたい一心で、必要以上にその場の空気や相手の顔色を読んでしまったり、自分が言いたいことを我慢して「事なかれ主義」で過ごすのが安全だと思っていたり。そんな人も多いでしょう。あるいは、自分だけが浮いてしまうことを恐れ、なるべく目立たないよう「本音」を隠して生きてきた方もいるかもしれません。

　しかし、このタイミングだからこそ、これまで抑え込んできた自分の本音に向き合い、これからはもっと自分ファーストで生きていくことが大切になってきます。もうそろそろ、自分の主張を通していい頃なのです。

「火星」が象徴する
内なる衝動を解放する

　ここで大切なのは、**内側から沸き上がる「衝動」を、理性で抑え込むのではなく、実際の言葉や行動に出していく**こと。その「内なる衝動」こそが、人生後半戦を燃やすための着火剤（ガソリン）になるはずです。

　自分の意見をないがしろにするのではなく、周囲に堂々と伝えていくことを意識しましょう。相手の反応を恐れるのではなく、自分の気持ちに正直になることが、本当の意味での信頼関係や絆を築くことに繋がります。自分が欲しいものや性的な欲求を、恥ずかしくて言い出せない…ということもあるかもしれません。しかし、恥ずかしがることはありません。自分の動物的衝動や野性をもっとオープンにしていきましょう。

　自己表現の場を積極的に見出していくことも大切です。遠慮なく意見を言える場や、自分らしさを発揮できる機会を、自ら開拓すること。少しずつでも行動テリトリーを広げながら、自己表現力を高めていきましょう。自己主張の場を自ら創出し、あなたらしい言動を心がけていくこが、この先の人生をパワフルに生きるための大事なステップになります。

　自分の中にある「火星」と向き合う勇気を持ち、あなたの内なる衝動をアウトプットしていくことで、40代以降のステージを情熱的に生きていくことができるでしょう。

壁と向き合うためのテーマ

- 「我慢してきた自分の本音」を解放し、
  言いたいことを言葉に出していく
- 年齢や周囲の目線を気にしすぎず、
  自分の欲望や衝動をアウトプットしていく
- 自己表現の場を自ら開拓し、自分らしい言動を増やしていく

自分の「火星」を活かすヒントは　　　　P.42で自分のホロスコープを作成して
➡ P.86〜 「火星で見る自己アピールの方法」をCheck

現実にとらわれて、
諦めてしまった夢はないか？

昔は大きな夢を抱いていたのに
「諦めてしまっている」

心の奥底には叶えたい夢があるけど、
年齢やしがらみにとらわれて、
向き合えない自分がいる

社会的には自立できたけど、
本当にやりたかったことからは
遠ざかってしまった

自分の夢を叶えてあげられるのは、自分だけです。

「昔は大きな夢があったのに、叶えられていない」「本当になりたかった自分とは違う自分になってしまった」という気持ちは誰しも少なからず抱えているかもしれません。これは、占星術の視点でいうなら「木星」と関わりが深いテーマだといえるでしょう。

　社会に出て、現実的な制約や責任に直面するうちに、いつしか、自分の夢を封印してしまい、だんだんと**心の奥底にある本当の願望にも蓋をしてしまうクセがついてしまった**、ということもあるかもしれません。

　40代になると、これまでの生き方を振り返り、自分が本当にやりたかったことは何だったのかを問い直す大切な時期に入ります。その過程で、「子どもの頃に叶えたかった夢は何だろう？」「若い頃に描いていた理想の自分からとれだけ離れてしまったのだろう？」といった問いに向き合うことにもなるでしょう。

「木星」が象徴する
理想と夢を信じる

　ここで重要なのは、自分の心の奥底にある「本当の夢」と素直に向き合うこと。「もしも何でも願いが叶うとしたら、何を願う？」と考えてみると、イメージしやすいかもしれません。**現実の枠にとらわれず、「理想の自分」を自由に思い描いてみる**ことが、あなたが本来目指していたはずの人生を取り戻すための第一歩となるでしょう。

　さらに、夢を叶えるための学びや出会いを積極的に求めていくことも大切です。興味のある分野に目を向けて情報収集を始めたり、同じ夢や志を持つ仲間を探したり。時間がない！と思わずに、SNSで繋がるだけでも、求める世界に近づけるはずです。あなたの夢を応援してくれる環境や人間関係を、自ら創り上げていきましょう。

　でも、自分自身が「夢なんて、どうせ叶わない」と思っていたら、叶うことはありません。自分の夢を叶えるのも、叶わないままにしておくのも、自分自身なのです。まずは、自分の夢は叶えられるんだと「信じること」がスタートライン。そして、「信じる力」を授けてくれるのが木星のパワーなのです。
「どうせ無理」というメンタルブロックを解除し、錆びてしまった「夢の原石」を、再び磨き始めてみませんか。

壁を壊すためのテーマ

- 理想の自分を思い出し、心の奥底に封印し続けてきた「夢の原石」を掘り起こす
- 「夢は叶えられる」と信じ抜く
- 夢を叶えるための学びや出会いを積極的に開拓する

自分の「木星」の夢を掘り起こすヒントは P.42で自分のホロスコープを作成して
➡P.90〜 「木星が表す理想と夢」をCheck

やるべきことに追われる日々。
はたして誰かの役に立てているのか?

やるべきことをこなすのに
精一杯で「余裕がない」
ままでいいのか

現状維持に一杯一杯で、
自分の可能性を広げる機会を
見過ごしているのでは…

後輩や若い世代を
「サポートする側の年齢」だと
思っているけど…

もう
こんな時間!

うわっ
電話きてた!

「やるべきこと」で培った経験を「やりたいこと」に昇華

　もういい年なのに、いまだに自分のことだけでいっぱいいっぱい…、**何かしら社会に還元できているのだろうか?**というのは、40代以降の多くが抱える悩みや焦燥感だといえるでしょう。これは、占星術の視点でいうなら「木星」と関わりが深いテーマになります。

　目先のやらなければならないことで忙殺されているうちに、今やっていることの意味や意義を見失っているというケースも多いかもしれません。でも、これまでに培ってきた、そして今まさに培っている経験やスキルは、社会に還元できる大きな財産になっているはずです。

　40代以降は、これまでの実績や蓄積を活かしながら、後進の指導や育成など、社会により良い影響を与えていくことが大切になってきます。「自分の経験を社会のために活かすには?」「周りに恵みを与えながら、自分も成長できるには?」といった視点を持つことが重要になります。

「木星」が象徴する
人生の恵みと豊かさを他者に還元していく

　ここで大切なのは、自分の中にある豊かさや持ち味を知ること。そして、それらを社会のために活かす方法を考え抜き、一つひとつ実行に移していくことが、この悩みを乗り越えるためのカギとなります。

「自分のできることで誰かの役に立ちたい」という気持ちを抱いていたり、「自分の知識や経験をこのまま自分だけのものにしておくのは、もったいない気がする…」と少しでも感じるのであれば、やるべきことをこなしつつ、あなた自身の「取り柄」を社会に還元していくことを意識してみましょう。

　ここでポイントになるのは、**「自分が持っていないもの」を嘆くのではなく、「自分が持っている財産」**——知識やスキルや人脈や特技など——に目を向け、それを活かせるような場所を探すこと。そこでの活動や出会いが、人生をさらに豊かにしてくれるはずです。

　自分の中にある豊かさを社会に還元してくこと、必要としている人に貢献していくことで、自分自身も成長や喜びを感じられる生き方をイメージしましょう。「与え合う」という恵みの循環に参加していくことで、40代以降のステージを、希望に満ちたものにできるでしょう。

> 壁を壊すためのテーマ

- ●「自分の財産」に目を向け、社会に還元する方法を考え抜く
- ●「与え合い」の精神を持ち、恵みの循環に参加する
- ● 得意なことを広げ、誰かに貢献できる機会を創出

自分の「木星」の恵みを知るヒントは　P.42で自分のホロスコープを作成して
➡ P.92〜 「木星が表す恵まれていること、財産、還元できるもの」をCheck

人生あと半分…！
後悔のない日々を送れているか？

社会的な常識やルールが
変わってきて「ついていけない」

"べき論"にとらわれすぎて、
「自分らしさ」を失って
しまっている

人生の後半戦を迎えるにあたり、
これまでどおりの価値観で
生きていっていいのか「不安…」

「あるべき姿」から「ありたい姿」へ。

「常識や世間体に縛られて、本来の自分から離れてしまっていないか」というのは、敷かれたレールの上を真面目に歩んできた世代が抱える葛藤かもしれません。これは、占星術の視点でいうなら「土星」と関わりが深いテーマだといえるでしょう。

人生の前半は、社会的な常識や成功例、「こうあるべき姿」に従って生きることが求められてきました。でも、現代社会ではそういった固定観念から自由になり、自分らしい生き方、「こうありたい姿」を実現することが求められています。

人生100年時代といわれる今、40代は新しい人生の始まりともいえます。社会的な常識やルールにとらわれず、自分の人生をどう築いていくのか。今こそ、自分なりの答えを出す大切な時期なのです。

「土星」が象徴する
自分軸のルールを確立する

とはいえ、長年の習慣や先入観に縛られていると、自由な発想が制限されがちです。ここで重要なのは、**社会の常識や固定観念から離れ、「自分基準のルール」を策定する**こと。

例えば、「したいこと」ではなく、「自分が絶対にしたくないこと」や「自分的なNGポイント」で考えてみると、「自分ルール」としてイメージしやすいかもしれません。

生き方の指針となるようなロールモデルを見つけることも、新しい人生を切り拓くための秘訣になるでしょう。

仕事でもプライベートでも、数十年かけて「育んできた」ともいえる、これまでの常識や慣れ親しんだ自分のやり方を変えるのは簡単ではありません。でも、土星の制限やプレッシャーを飛び超えていくことで、新しい自分に出会えるはずです。

人生の後半戦だからこそ、社会の常識や固定観念に縛られるのではなく、自分の中にある「土星」と向き合う勇気を持ちましょう。あなたらしい人生の完成形を目指すことで、40代以降のステージを、納得感を持って生きていくことができるでしょう。

壁を壊すためのテーマ

- 社会的な常識やルールに縛られるのではなく、
  「自分基準のルール」に従う
- 責任や立場に振り回されず、信念に基づいて行動する
- 自分が目指す生き方を体現している
  ロールモデル（お手本や指針）を見つける

自分の「土星」のルールを知るヒントは　P.42で自分のホロスコープを作成して
➡P.96〜 「土星が表すルールと目指す完成形」をCheck

この先待ち受けている試練に 立ち向かう気力はあるのか？

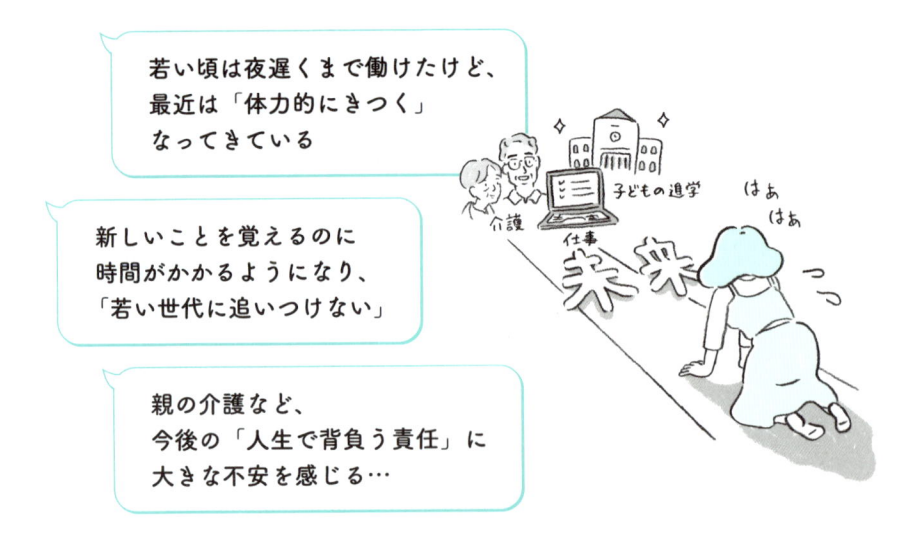

若い頃は夜遅くまで働けたけど、最近は「体力的にきつく」なってきている

新しいことを覚えるのに時間がかかるようになり、「若い世代に追いつけない」

親の介護など、今後の「人生で背負う責任」に大きな不安を感じる…

内なる強さを信じ、人生の試練に立ち向かう

　この先、待ち受けているであろう、試練ともいうべき出来事。それらに直面したとき、自分に向き合える気力や体力はあるのだろうか？ という疑問は、**心身のコンディションに陰りが出始める40代以降、一番の不安**かもしれません。これは、占星術の視点でいうなら「土星」と関わりが深いテーマだといえるでしょう。

　若い頃のような体力を維持することが難しくなってきますし、新しいことへの適応力やスピード、意欲自体も低下していく時期。そこに追い打ちをかけるように、近親者の介護や病気、仕事での重責など、相当なエネルギーが必要な出来事が待ち受けます。

　そういった試練は誰しもが避けられないこと。人生後半戦の局面です。でも、困難に立ち向かう中、自分の内なる強さを発見するチャンスだともいえるでしょう。今までに培ってきた経験や知恵は、必ず困難を突破する助けになるはずです。

「土星」が象徴する試練を
乗り越えた先の自信と人間力

あなたには、あなたにしかない知識や経験値があります。これまでの人生で積み重ねてきた洞察力や判断力は、40代以降においても大きな武器になっていくはずです。

人生後半戦の試練に立ち向かう上で大切なのは、実は、自分のペースを守ることです。無理をせず、自分の気力や体力に合った方法で、着実に一歩ずつ進んでいけばいいのです。

この先の人生に立ちはだかる試練を乗り越えることは、確かに容易ではないかもしれません。でも、それは同時に、あなたの人生に奥行きや深み、真の意味での「人間力」をもたらす糧になるでしょう。

もちろん、1人で抱え込まず、地域や社会、家族の助けを借りることも必要です。介護や支援などのテーマに関しても、あなたを支えてくれるシステムがきっとあるはずです。

「土星」が象徴する試練は、あなたの人生をより意味あるものにしていくための、かけがえのないギフトなのです。

壁を壊すためのテーマ

- ここまでに培ってきた知識や経験値、
  洞察力や判断力を信じ、試練に立ち向かう
- 無理せず自分のペースを守り、着実に前に進む
- 1人で抱え込まず、社会やシステムの助けを借りる

自分の「土星」を乗り越えるヒントは　P.42で自分のホロスコープを作成して
➡P.98〜 「土星が表す乗り越える試練」をCheck

今の人生における
「私の使命」は何か？

> 毎日が目まぐるしく、
> 「人生の大きな意味が
> 見えていない」気がする

> 目先の問題にとらわれすぎて、
> 「生きる目的」を見失っている

> 最近、社会や他者との
> 「繋がりを感じられずにいる」

自我から無我へ。「私の使命」を見出そう

「この世界で自分が本当に頑張るべきことは何だろう」「果たさなければ
ならない使命があるのはないか」というのは、40代以降に大きくなる人
生の根源的な問いかけです。これは、占星術の視点でいうなら「ドラゴン
ヘッド」と深く関わるテーマだといえるでしょう。

　目の前の現実にとらわれている限りは、人生の真の意味を見出すことは
難しいかもしれません。でも、**人生後半戦を見据える今だからこそ、より
高い視点から、自分の存在意義を問い直してみましょう**。「この世界の中
で、自分はどんな役割を担っているのか」「自分という存在を通して、何
を表現できるのか」といった問いを、自分に投げかけるのです。

　誰であっても、この世界に必要とされる意味があるはずです。それを体
現していくことで、たとえ僅かでも、この世界に影響を与えていけるはず。
自分という枠を超えて、他者や社会全体との調和や発展を目指していきま
しょう。

世界との繋がりを感じ
自分なりの答えを探す

「すべてのものとの繋がり」を感じることも大切です。宇宙も地球も自然も人も、個々にバラバラの単体ではなく、すべてが繋がって調和しているということ。**自分というちっぽけな存在が、この広大な宇宙の中で生かされているという視座に立つことで、今まで見えていた景色とは異なる視野**が開かれるのかもしれません。

　人とのご縁を大切にすることも、忘れないでください。あなたの人生には、運命的な出会いが用意されてきたはずですし、これからもそういった繋がりが生まれるはずです。

　いわゆるソウルメイトとの出会いや、人生の師となる人とのご縁。そういった「良縁」に感謝し、心を開き、あなたが出会う一人ひとりとの絆を大切に育んでいくことで、自然と「使命」に導かれていくでしょう。

　また、自分自身との絆を深めることも重要です。自分の中の光も影も受け入れ、自分を愛することから始めてみてください。

　この世界であなたが頑張るべきことが何かは、あなたにしかわからない、あなただけの答えです。その答えを探す旅に出るとき、あなたの人生は、きっと輝き始めるでしょう。

壁を壊すためのテーマ

- 個々に切り離された生活や作業に追われるのではなく、ワンネスという大局的な視点で、「自分の使命」を見出す
- 世界や他者との繋がりを感じ、愛を持って生きる
- 自分にできることを捧げ、世界全体の調和や発展を祈る

自分の「ドラゴンヘッド」を武器にするヒントは

➡ P.102〜 「ドラゴンヘッドで見る使命」、
　　P.108〜 「ドラゴンヘッドで見る使命を果たす舞台」をCheck

P.42で自分の
ホロスコープを作成して

2025年から完全に「風の時代」へ

・・・・・・・・・・・・・・・・・・

　2020年12月22日、木星と土星が水瓶座エリアで重なり、風の時代が幕開けしました。「地の時代から、風の時代へ」「約200年に1度の大転機」などと、各メディアでも注目されました。約200年に1度の大転機ということは、現在、生きている人間すべてにとって、「かつてない大転機」を迎えたということになります。

　占星術の理屈上では、この「約200年ぶりの時代転換」はずっと前からわかっていたことですが、ほぼ時を同じくするように、世界は新型コロナウイルス一色に。「これまであたりまえだった在り方」が見事に一変してしまったことは言うまでもありません。

　そして、**2024年11月20日、冥王星が水瓶座入りすることで、完全に風の時代に切り替わります**。また、2025年には、3月30日に海王星が牡羊座へ、5月25日に土星が牡羊座へ、7月7日に天王星が双子座へと、いわゆる「大物惑星」たちが、次々に星座を移動していきます。

　つまり、2020年12月22日以降は、新時代に向けての移行期間──試行錯誤・トライアルアンドエラーの時間──が設けられていたということ。**2025年からは、もう「迷う余地」がなくなる、風の時代＝新時代へのパラダイムシフトが完了する、ということです。**

　風の時代の核となるもの、風の時代を象徴する最たるものが、オンラインコミュニケーション、リモートワーク、キャッシュレスなどでしょう。大型組織、テレビや雑誌などの大型マスメディアを飛び越えて、イチ個人とイチ個人が自由に繋がる時代ともいえます。

　トップダウン的に統制・管理されていた縦社会（集団意識の時代）から、水平方向にどんどん繋がり、広がっていく横世界（個と個の時代）へ。
「お金を稼ぐための仕事から、ライフワークとしての仕事へ」

　2020年頃から2026年頃にかけて、私たちは今まさに、歴史的なパラダイムシフト、激動の時代の真っ只中を生きているのです。

ホロスコープで
自分の強みを知る

自分の性質や能力を知るための
ホロスコープのキホン

一人ひとりが、恵みを表す星の配置図を持っている

　ホロスコープとは、「その瞬間、地球から見て、宇宙の惑星たちが、どの方角にあったのかを図にしたもの＝星の配置図」のこと。その中でも特に、自分が生まれた瞬間の星の配置図のことを「出生ホロスコープ」といいます。生まれたその瞬間、宇宙の惑星たちが、どの方角、どの位置にあるかによって、**その人が持つ性質や能力、強さや弱さといった個性、人生のテーマなどを読み解くことができる**のです。

　ただし、出生ホロスコープの示しているとおりの人間になるかというと、必ずしもそうではありません。出生ホロスコープが表しているのは、あくまでも、生まれた時点での「初期設定の自分」。そこに、育ってきた環境や社会的な影響、人生で経験してきた良い経験も悪い経験も、すべてが合わさって、今のあなたという人物を作り上げています。

　つまり、年齢を重ねれば重ねるほど、「自分がどんな人間だったのか」忘れてしまう人が多いと思います。そんなとき、**出生ホロスコープを読み解けば、「本来の自分」を思い出し、自分らしさを取り戻すことができる**はず。自分は何が苦手で、何が得意なのか。今後どんなことを意識すれば、自分の個性を活かし、より納得感のある人生を生きることができるのか——世界にひとつだけのあなたの出生ホロスコープが、沢山のヒントを教えてくれるでしょう。

「初期設定の自分」に備わった 可能性やヒントを読み解こう

ホロスコープからわかることって？

家族
パートナー
友達
仕事相手など
**人間関係
のこと**

顕在意識
潜在意識

本性、思考
感情、クセなど
先天的資質

魅力

**得意な
こと**

強み

弱み

能力

稼ぎ方
貯め方など
**お金との
関わり方**

**苦手な
こと**

トラウマ

コンプレックス

アイテム、モチーフ
色、数字、場所など
**ラッキー
ポイント**

**好きな
こと**

恋愛
結婚など
**愛情面の
こと**

**嫌いな
こと**

自分の出生ホロスコープを作ってみよう

インターネット上の無料サイトを使って作成するのがおすすめです。本書では、ARI占星学総合研究所の「スターナビゲーター」を用いて出生ホロスコープを作成していきます。

ホロスコープの作成手順

① QRコードを読み取るか、URL（https://www.arijp. com/horoscope/index.php）を入力し「ARI占星学総合研究所　スターナビゲーター」にアクセス

② 画面上部のボタンから「一重円」を選択する

③ 「氏名」を入力する（ハンドルネームでもOK）

④ 「生年月日」と「出生時刻」を入力。出生時刻がわからない場合は「時刻不明」にチェックを入れる

> **Check!!**
>
> 出生時刻がわからない場合、正確なホロスコープが出せず、読み解きに制限が出てきます。ご両親に聞いたり、母子手帳を確認したりして、できるだけ正確な時間を入力しましょう。

⑤ 「生まれた場所」で都道府県を選択する

> **Check!!**
>
> 海外の場合は、「緯度経度で指定」を選択し、数値を入力します（該当地の緯度と経度は、自分で調べましょう）。

⑥ ハウスシステムを、「コッホ」から「プラシーダス」に変更する

⑦ 「ホロスコープを作成する」ボタンをクリックで、完成！

例：A子さんのホロスコープ（1980年3月23日17時、東京都生まれ）

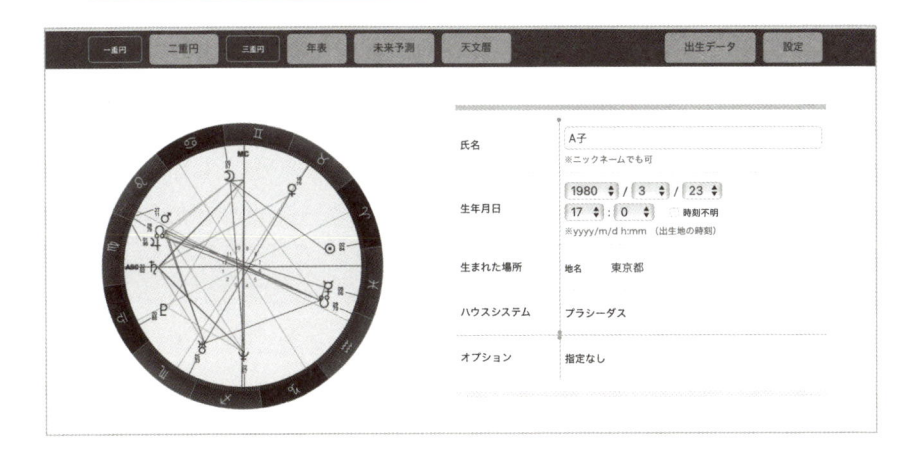

| 一重円 | 二重円 | 三重円 | 年表 | 未来予測 | 天文暦 | 出生データ | 設定 |

氏名	A子 ※ニックネームでも可
生年月日	1980 / 3 / 23 17 : 0 □ 時刻不明 ※yyyy/m/d h:mm（出生地の時刻）
生まれた場所	地名 東京都
ハウスシステム	プラシーダス
オプション	指定なし

結果

天体の位置　Check①　Check②

天体	サイン	黄経	赤緯	在住ハウス	支配するハウス	逆行
☉ 太陽	♈ 牡羊座	2.84	1.13	7ハウス	12ハウス	
☽ 月	♋ 蟹座	0.58	19.00	10ハウス	11ハウス	
☿ 水星	♓ 魚座	8.06	-8.41	6ハウス	1ハウス 10ハウス	
♀ 金星	♉ 牡牛座	18.16	19.53	8ハウス	2ハウス 9ハウス	
♂ 火星	♌ 獅子座	27.11	15.87	12ハウス	3ハウス 8ハウス	R
♃ 木星	♍ 乙女座	1.98	11.99	12ハウス	4ハウス 7ハウス	R
♄ 土星	♍ 乙女座	22.92	5.03	1ハウス	5ハウス 6ハウス	
♅ 天王星	♏ 蠍座	25.33	-18.82	3ハウス	6ハウス	
♆ 海王星	♐ 射手座	22.67	-21.86	4ハウス	7ハウス	
♇ 冥王星	♎ 天秤座	20.88	8.26	2ハウス	3ハウス	R
ASC ASC	♍ 乙女座	22.20	0.00	1ハウス		
MC MC	♊ 双子座	21.37	0.00	10ハウス		
☊ ヘッド	♌ 獅子座	28.79	11.89	12ハウス		R
☋ テイル	♒ 水瓶座	28.79	-11.89	6ハウス		R

ハウス関連

ハウス	ハウスカスプ		在住星	支配星
1ハウス	♍ 乙女座	22.20	♄ 土星	☿ 水星
2ハウス	♎ 天秤座	18.54	♇ 冥王星	♀ 金星
3ハウス	♏ 蠍座	18.73	♅ 天王星	♇ 冥王星 ♂ 火星
4ハウス	♐ 射手座	21.37	♆ 海王星	♃ 木星
5ハウス	♑ 山羊座	24.13		♄ 土星
6ハウス	♒ 水瓶座	24.81	☿ 水星	♅ 天王星 ♄ 土星
7ハウス	♓ 魚座	22.20	☉ 太陽	♆ 海王星 ♃ 木星
8ハウス	♈ 牡羊座	18.54	♀ 金星	♂ 火星
9ハウス	♉ 牡牛座	18.73		♀ 金星
10ハウス	♊ 双子座	21.37	☽ 月	☿ 水星
11ハウス	♋ 蟹座	24.13		☽ 月
12ハウス	♌ 獅子座	24.81	♂ 火星 ♃ 木星	☉ 太陽

＊一部画面を省略しています（提供：ARI占星学総合研究所）

私のホロスコープノート

星の位置 作成したホロスコープを見ながら、以下に記入しましょう！

	星座（サイン）	在住ハウス	わかること
☉ 太陽	座	ハウス	あなたにしかできないこと →P.82
☽ 月	座	ハウス	あなたの本質的欲求→P.70
☿ 水星	座	ハウス	あなたの才能と仕事→P.74
♀ 金星	座	ハウス	あなたの愛と豊かさ→P.78
♂ 火星	座	ハウス	あなたの自己アピールの 方法→P.86
♃ 木星	座	ハウス	あなたの理想/還元できる ものなど→P.90～
♄ 土星	座	ハウス	あなたの目指す 完成形/試練など→P.96～
♅ 天王星	座	ハウス	
♆ 海王星	座	ハウス	
♇ 冥王星	座	ハウス	
ASC	座	ハウス	あなたのペルソナ→P.66
MC	座	ハウス	
☊ ドラゴン ヘッド	座	ハウス	あなたの使命、 使命を果たす舞台→P.102～
☋ ドラゴン テイル	座	ハウス	

記入のポイント

前ページの手順に沿って作成したホロスコープの結果、「天体の位置」のサイン（Check①）と
在住ハウス（Check②）を見て、天体（惑星）ごとに記入します。

例：P.43のホロスコープ（例）の場合
太陽…星座（サイン）は牡羊座、在住ハウスは7ハウス
月…星座（サイン）座は蟹座、在住ハウスは10ハウス

ホロスコープの見方

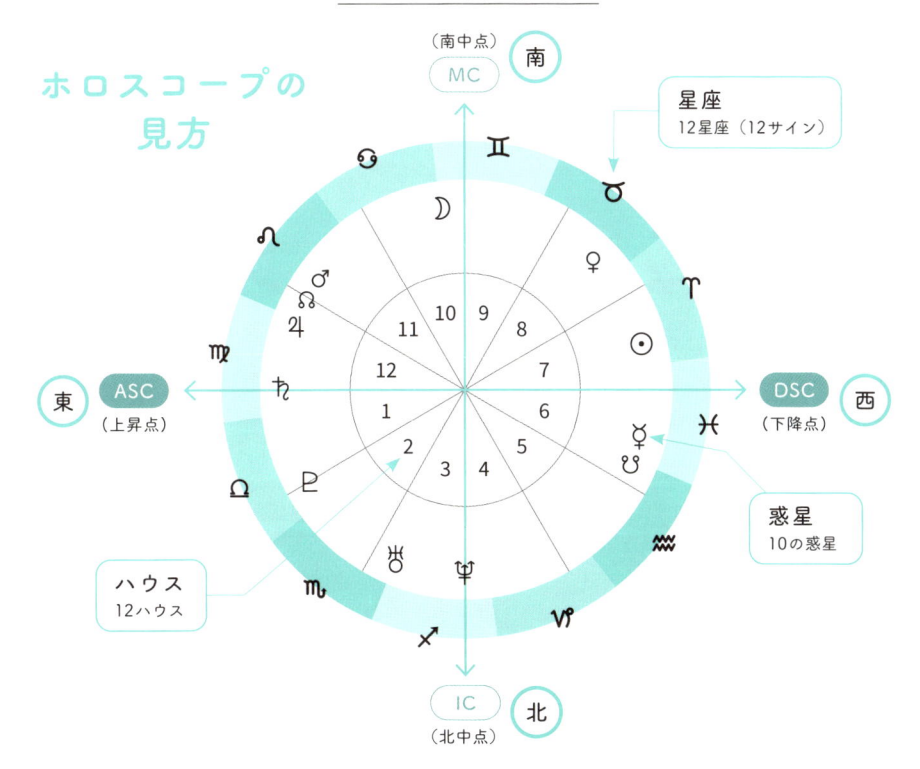

星座
12星座（12サイン）

惑星
10の惑星

ハウス
12ハウス

（南中点）MC　南

ASC（上昇点）　東

DSC（下降点）　西

IC（北中点）　北

惑星　惑星がホロスコープの主役です。天動説に従って太陽・月・水星・金星・火星・木星・土星・天王星・海王星・冥王星の10惑星が配置されます。

星座　12星座は、太陽の通り道（黄道）を12分割したもの。「牡羊座の方角」とか「蠍座の方角」と捉えると、わかりやすいかもしれません。

ハウス　太陽の動きに合わせて地上（地表）を12分割したイメージ。いわば「地球上の舞台」になります。

ASC（アセンダント）　ホロスコープの水平ライン左端は、東の地平線を指します。1ハウスの起点であり、太陽が昇る上昇点。

DSC（ディセンダント）　ホロスコープの水平ライン右端は、西の地平線を指します。7ハウスの起点であり、太陽が沈む下降点。

IC（アイシー）　ホロスコープの一番底。真夜中にあたる北中点を指します。4ハウスの起点。

MC（エムシー）　ホロスコープのてっぺん。正午にあたる南中点を指します。10ハウスの起点であり、太陽が最も高く昇る箇所。

ホロスコープ上の記号

10惑星									
☽	☿	♀	☉	♂	♃	♄	♅	♆	♇
月	水星	金星	太陽	火星	木星	土星	天王星	海王星	冥王星

12星座											
♈	♉	♊	♋	♌	♍	♎	♏	♐	♑	♒	♓
牡羊座	牡牛座	双子座	蟹座	獅子座	乙女座	天秤座	蠍座	射手座	山羊座	水瓶座	魚座

あなたを支える心強い味方

惑星のキホン

星たちが武器を授けてくれる

　1章で、人生におけるテーマや課題、壁が見えてきたと思います。ただ、それをどうやって打破すれば良いのか、どうすれば立ち向かうことができるのか。自分1人では、心細く感じるでしょう。でも、あなたには心強い味方がいます。それが、惑星です。

　力を貸してくれるのは、月、水星、金星、太陽、火星、木星、土星。それにドラゴンヘッドです。これらが、ホロスコープ上でどこに位置するかによって、自分の特性や強みがわかるのです。
　10の惑星の中でも、月、水星、金星、太陽、火星は「個人惑星」と呼ばれ、あなたが生まれ持った本来の性質や能力を表します。木星、土星は「社会惑星」と呼ばれ、社会の中で後天的に体得してく価値観、未来に向かうための潜在能力を示します。
　惑星たちの基本的な担当分野を知って、自分だけの武器を磨いていきましょう。

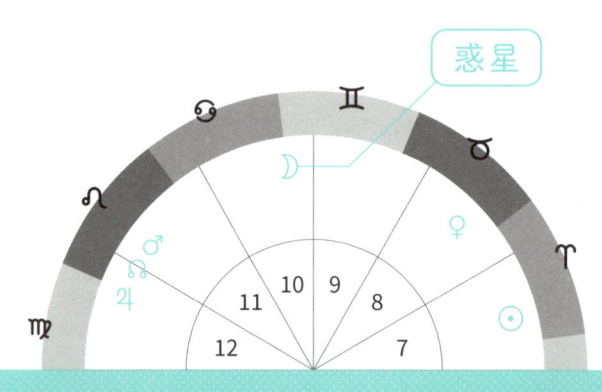

月

揺れ動く感情や気持ち
生まれ持った本能的欲求

個人惑星の中で、最もパーソナルな本質、自分でも気づいていないような「本能的欲求」を表し、すべての考え方や行動の動機＝核心になります。幼少期の自分を表すのも月で、大人になりきれないままのインナーチャイルドでもあります。自分の月が抱く不安や欲求から目を背けず、ありのままに受け入れてあげることが、自己肯定感に繋がります。

基本データ

- キーワード　プライベートの人格、丸裸の自分、本能的欲求、無意識、感情のクセ、不安、母性
- 支配する星座　蟹座
- 肉体　体液、血液
- 色　銀色、白
- 宝石　真珠、ムーンストーン

水星

コミュニケーションを
取ることでチャンスを広げる

人生で直面する課題に対して、どう考え、どう対処していけばいいかを教えてくれるのが水星。論理的な思考力で、複雑な問題を具体的に解決するためのヒントを与えてくれるでしょう。また、自分の考えや想いを外の世界に向けて言語化したり、他者とコミュニケーションを取ったり、情報やチャンスを得るための手助けをしてくれるのも水星です。

基本データ

- キーワード　言語、コミュニケーションの方法、思考のクセ、知性、情報、仕事のスキル
- 支配する星座　双子座・乙女座
- 肉体　脳、神経、口、耳、目
- 色　ライトブルー
- 宝石　トルコ石、エメラルド

金星

美と愛、喜びや幸せの感じ方
幸福感を左右する惑星

恋愛や趣味娯楽など、人生に華やかな"彩り"を加えるのが金星。現実から解放され、何かを楽しんでいるとき、心から喜びや幸せを感じているときは、自分の中の金星がフル稼働しています。「幸福感」のカギを握る惑星であり、芸術的感性、美的感覚、恋愛傾向、好みのティストなども表します。セルフブランディングの方向性のヒントにもなるでしょう。

基本データ

（キーワード）好み、喜び、幸せ、感性、美的感覚、恋愛、趣味娯楽、受身の愛、女性性
（支配する星座）牡牛座・天秤座
（肉体）女性生殖器、リンパ腺、甲状腺、内分泌腺、腎臓
（色）ピンク
（宝石）エメラルド、サファイア

太陽

自ら能動的に光を生み出す
生命力や創造力の象徴

月がプライベートの自分なら、太陽はオフィシャルの自分。こう見られたい、こういう存在でありたいという「自分の理想像」を表します。大局的な人生観や価値観、主体的な目標意識、社会の中で生み出せる価値、人に与える影響力も表します。この太陽を主役にするように、月・水星・金星・火星の惑星で「あなた」という人格を形づくっています。

基本データ

（キーワード）オフィシャルの人格、理想の自分、目標意識、自意識、生命力、創造力、人生観、父性
（支配する星座）獅子座
（肉体）心臓、細胞、全身
（色）金色、黄色、オレンジ
（宝石）ダイヤモンド

火星 ………… 自分を突き動かす 野性的衝動やモチベーション

月の本能的欲求、水星の思考や言語、金星の愛や感性、太陽の目的意識を踏まえた上で、「実際にどう行動するのか」を司っているのが火星。受身ではなく攻めの惑星（戦いの星）であり、外界へのアピール力やアウトプットの方法、自ら積極的に行動できるテーマを教えてくれます。怒りや攻撃性、ストレス発散法、性的嗜好を象徴するのも火星です。

基本データ

キーワード	野性的衝動、闘争心、情熱、獲得欲求、行動力、自己アピール力、怒り、攻撃性、性的嗜好、男性性
支配する星座	牡羊座・蠍座
肉体	男性生殖器、筋肉
色	赤
宝石	ルビー、サファイア

木星 ………… あなたの中にある恵みと希望 潜在的可能性を広げよう ♃

別名ラッキースターと呼ばれる木星の守護神は、全知全能の神ゼウス。その文字どおり、全知全能、あらゆることに追い風を吹かせ、拡大・発展させてくれる惑星です。人生における開運テーマを表すのと同時に、生まれながらにして恵まれていること、あなたの中にある豊かさや潜在的可能性も示唆し、世の中に還元できるテーマを教えてくれます。

基本データ

キーワード	幸運、恩恵、ギフト、拡大、発展、繁栄、夢、理想、許可、肯定、希望、期待、可能性、アメとムチのアメ
支配する星座	射手座
肉体	血液、消化器官、肝臓
色	青、紺、紫
宝石	サファイア、トパーズ

土星

時間をかけて乗り越えていく
努力と成長のテーマ

ħ

木星が追い風なら、土星は向かい風。社会の中で受ける影響や現実的な制約、コンプレックスや苦手意識を表します。乗り越えなければならない試練、果たさなければならない責任と聞くとプレッシャーに感じるかもしれませんが、それは成長のきっかけでもあるのです。社会の中でどう振る舞うべきか、努力や鍛錬の方向性を教えてくれるのが土星です。

基本データ

キーワード 試練、足枷、課題、制約、抑制、現実、責任、ルール、修行、鍛錬、苦手意識、努力の結晶化、アメとムチのムチ
支配する星座 山羊座
肉体 骨、骨格
色 黒、茶、カーキ
宝石 黒曜石

ドラゴンヘッド

今世における使命
強化したい資質やテーマ

ドラゴンヘッドは惑星ではなく、月の軌道が、太陽の軌道の上に入る点のことを指します。占星術の解釈としては「今世から来世へ通じる扉」を表し、あなたの今世の使命や強化したい性質を教えてくれる存在です。太陽で示される目標や創造力に、ドラゴンヘッドから読み解くメッセージをプラスすることで、人生で目指すテーマや方向性が見えてくるはずです。

P.63 でも解説！

トランスサタニアン
（天王星・海王星・冥王星）

個人や社会を超越した
抗うことができない力

天王星、海王星、冥王星の3つの惑星は「トランスサタニアン」と呼ばれ、人智を超越した宇宙的なエネルギーや宿命（不可抗力）を示しています。天王星は突発的な出来事や革命のような大きな変化、海王星はスピリチュアルなパワー、冥王星は今世に留まらないカルマや因縁、あるいは死そのものを司っています。

♅ ♆ ♇

本当のあなたを教えてくれる！
12星座のキホン

12種類の性質を示す、星の通り道

　西洋占星術では、太陽の通り道（黄道）を12個の領域に分割しています。それぞれの領域には12星座が割り振られており、どの星座の位置にどの惑星があるかによって、その人の性格や個性、そして運命を占うことができるのです。

　12星座は、男性星座／女性星座、活動宮／不動宮／柔軟宮、火／地／風／水に分類することができます。男性星座／女性星座は、エネルギーが外側に向かうのか内側に向かうのか、あるいは積極的か受動的かを示しています。活動宮／不動宮／柔軟宮は、欲しいものを手に入れるための動き方（行動パターン）を、火／地／風／水は、生きていく上で何を重視しているかの価値観、または苦手分野を知ることができます。

　12星座の特徴をおさえておくことで、自分自身の性質や行動原理を客観的に理解することができ、また、相手のことも理解できるようになるでしょう。

星座

牡羊座

前進と挑戦あるのみ。
人生は自分自身との戦い

牡羊座は、まさに「生まれたての赤ちゃん」。生命力とパワーに溢れ、本能や衝動に従って突き進んでいきます。考えるより先に身体が勝手に動いてしまう、いわば条件反射に近いものでしょう。生まれながらに「先頭意識」があり、一番早く、前例のないチャレンジに挑んでいるときにこそイキイキ輝く星座です。負けず嫌いの勝負気質でもあります。

基本データ

キーフレーズ 「I am
~私は存在する~」
キーワード 生命力、本能、衝動、スピード、挑戦、勝負、勇気、猪突猛進、負けず嫌い、せっかち
二極 男性星座
三区分 活動宮
四元素 火
守護星 火星

牡牛座

マイペース・マイワールド
自分の感性を研ぎ澄ます

五感や審美眼、芸術的感性に優れる星座です。五感をフル活用し、じっくり吟味した上で、本当に気に入ったものだけを手元に確保していきます。所有すること、こだわりのマイコレクションを増やしていくことに喜びを感じるのです。素材や施しが上質なものを好み、衣食住にもハイレベルを求めます。大地の恵みに感謝し、自然を愛する星座でもあります。

基本データ

キーフレーズ 「I have
~私は所有する~」
キーワード マイペース、五感の発達、審美眼、芸術的感性、美学、グルメ、コレクター気
二極 女性星座
三区分 不動宮
四元素 地
守護星 金星

双子座

コミュ力は圧倒的No,1
柔軟なフットワークも強み

　水星を守護星に持ち、読む・書く・話す言語活動全般を生業とする星座です。自分しか見えていなかった牡羊座・牡牛座を経て、双子座で初めて、外の世界や他者の存在を認識するようになります。さまざまな人と言葉でコミュニケーションを交わし、多くの知識や情報を仕入れていくのと同時に、それらを外界に発信し、伝え広めていきます。

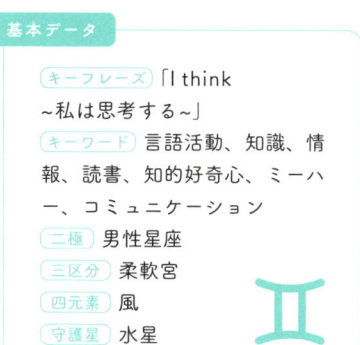

基本データ

- キーフレーズ 「I think ~私は思考する~」
- キーワード 言語活動、知識、情報、読書、知的好奇心、ミーハー、コミュニケーション
- 二極 男性星座
- 三区分 柔軟宮
- 四元素 風
- 守護星 水星

蟹座

多彩で繊細な感情
心と心の絆を求める

　守護星の月のように、そのときどきで様相を変えていく、多彩で繊細な感情を表す星座です。喜怒哀楽のコントラストが明確で、感情の機微を一緒に分かち合える仲間や家族を渇望します。身内意識が強く、人の好き嫌いもハッキリしています。心を許せる人だけで構成された内輪的なコミュニティを築きたがり、その中に安心感や自分の居場所を見出します。

基本データ

- キーフレーズ 「I feel ~私は感じる~」
- キーワード 巣づくり本能、家族愛、身内意識、母性、献身性、感情、情緒、感受性
- 二極 女性星座
- 三区分 活動宮
- 四元素 水
- 守護星 月

獅子座

華やかなカリスマ性で
人を惹きつける

太陽を守護星に持ち、最も輝かしく華やかな星座です。生まれながらに「自分は特別な存在である」という自意識を隠し持っていて、歌や絵やダンスや文章などで自分の個性を魅力的にアピールする表現力、セルフプロデュース能力に優れています。ドラマチックでゴージャスな世界の中でこそイキイキ輝き、平凡で地味な世界では意気消沈してしまいます。

基本データ

- キーフレーズ 「I will ~私は志す~」
- キーワード 個性、自我、自信、カリスマ性、クリエイティビティ、創造力、表現力
- 二極 男性星座
- 三区分 不動宮
- 四元素 火
- 守護星 太陽

乙女座

客観的な分析力と対応力で
周囲のニーズに的確に応える

獅子座が主観の星座なら、乙女座は客観の星座。自分の情熱や勢いだけで突っ走るのではなく、「全体の中での自分の役割」という冷静で客観的な視点を持つのが特徴。分析力や整理体系化能力に優れ、臨機応変に、そして効率的に、的確な判断や最適解を導き出すことができます。完璧主義でストイック、緻密な作業も苦にならない根っからの職人気質。

基本データ

- キーフレーズ 「I analyze ~私は分析する~」
- キーワード ストイック、完璧主義、職人肌、客観性、分析力、適応力、几帳面、神経質
- 二極 女性星座
- 三区分 柔軟宮
- 四元素 地
- 守護星 水星

天秤座

唯一無二のバランス感覚で友好的な関係を築く

12星座後半のトップバッターである天秤座のテーマは、外界との関わりの中で多種多様な価値観に触れ、自身の見聞を広げていくこと。そして他者を理解し、対等な信頼関係を築いていくことです。天秤という文字どおり、バランス感覚に優れ、偏りなく「中立公平な軸」を保つ性質があります。他者目線での美意識や審美眼も特徴です。

基本データ

- キーフレーズ 「I balance ～私は調和する～」
- キーワード 広く浅く、多様性、バランス感覚、公平性、社交性、相手目線、調和、美意識
- 二極 男性星座
- 三区分 活動宮
- 四元素 風
- 守護星 金星

蠍座

一極集中で全身全霊を注ぎ込む

ゼロか100か、一極集中の星座です。天秤座で広げた世界の中から、本当に好きなもの・好きな人だけにグッと絞り込んで、全身全霊の愛とエネルギーを注ぎ込んでいくようなイメージ。どんな苦境に見舞われても、自分が心から欲したものであれば、最後まで絶対に諦めない執念の星座ともいえます。反面、対象以外は視界に入らない極端さがあります。

基本データ

- キーフレーズ 「I desire ～私は欲する～」
- キーワード 狭く深く、一極集中、不言実行、信念、執念、秘めた情熱、ゼロか100か
- 二極 女性星座
- 三区分 不動宮
- 四元素 水
- 守護星 冥王星

射手座

「なぜ？」の理由と答え探しがすべての行動のモチベーション

　孤高の哲学者の星座です。なぜ自分はここにいるのか、人は何のために生まれてくるのか…そういった答えのない問答の中で生きる性質を持っています。肉体はここにあっても、心は常に旅人。さまざまな事柄に理由を求め、その答え探しに出かけていくのです。現実的な物質・肉体・人間関係に束縛されず、ひたすらに「宇宙の真理」を追求します。

基本データ

- キーフレーズ 「I understand ～私は理解する～」
- キーワード 精神の自由、哲学、真理、向学心、直感、一匹狼、神出鬼没、旅、海外、宇宙
- 二極 男性星座
- 三区分 柔軟宮
- 四元素 火
- 守護星 木星

山羊座

あらゆるものを総動員して目標を果たし、成果を出す

　野心と実行力の星座です。現実社会の中で、自分の役割や存在価値を発揮し、評価に値する成果を出すことに全力奮闘する性質を持ちます。高い目標を成し遂げるために、緻密な計画と戦略を立て、自分が持ちうる知識や経験、人脈、そして体力や時間をフル活用し、実行に移していきます。夢物語や精神論だけで行動が伴わない輩とはワケが違うのです。

基本データ

- キーフレーズ 「I use ～私は活用する～」
- キーワード 社会的自己実現、目標意識、役割意識、責任感、計画性、成果主義、働き者
- 二極 女性星座
- 三区分 活動宮
- 四元素 地
- 守護星 土星

水瓶座

既存のものをぶち壊し 新たな価値を創り出す

　自由と平等、個性尊重の星座です。一般常識や既成概念をゼロから疑い、トップダウン的な社会のヒエラルキーに反発し、個人視点よりもっと広い人類視点で、多角的に物事を捉えていく性質を持ちます。敷かれた（あるいは敷いてきた）レールをすべて取っ払い、真の意味での自由と自分らしさを追求するのと同時に、他者の自由と個性も尊重していきます。

基本データ

- （キーフレーズ）「I know ～私は知る～」
- （キーワード）自由な価値観、個性の尊重、平等意識、人道主義、ノンセクシャル、グローバル
- （二極）男性星座
- （三区分）不動宮
- （四元素）風
- （守護星）天王星

魚座

すべてを受け入れ、統合する 「ワンネス」境界線のない世界

　12星座の物語の最後になる魚座は、まさに海のような壮大な包容力で、すべてを受け入れ、許し、浄化していく性質を持ちます。水のように流されやすいところもありますが、どんな相手や環境にも自然と馴染んでしまう柔軟性や共感力もキーワード。「善と悪」など二元論的に世界を切り分けてしまうのではなく、悪の中にも善を見出す星座です。

基本データ

- （キーフレーズ）「I believe ～私は信じる～」
- （キーワード）共感力、包容力、受容、慈愛、感受性、信仰心、浄化、平和主義、優柔不断
- （二極）女性星座
- （三区分）柔軟宮
- （四元素）水
- （守護星）海王星

活動する「舞台」を教えてくれる！
ハウスのキホン

惑星が在住するハウスで、意識が向かうテーマを読み解く

　12星座が太陽の通り道（黄道）を12分割しているのに対して、12ハウスは太陽の動きそのものを12分割しています。ホロスコープでは、地球を中心に、横に走るラインは東西の地平線を表しています。この地平線より下の1～6ハウスは夜、上の7～12ハウスは昼を表しています。太陽が昇る東の方角（上昇点）が1ハウス、太陽が最も高く昇る南中点が10ハウス、太陽が沈む西の方角（下降点）が7ハウス、太陽が最も深く沈む北中点が4ハウスになります（P.45の図解を参照）。

　つまり10惑星は1ハウス→12ハウス→11ハウス→10ハウス…というふうに時計回りで移動しています。

　12星座は、10惑星の性質や個性を表しますが、**12ハウスは、10惑星が活動する舞台（分野）を表します**。10惑星×12星座×12ハウスの3つを掛け合わせながら総合的に読んでいくことで、自分の性質や行動原理、潜在能力や活躍の方向性を知ることができます。

ハウス

惑星が輝く場所を表す

　12ハウスは、地球から見た太陽の位置を基準にして、地球（地上）を12分割しているイメージ。いわば「地球上の舞台」で、それぞれのハウスに、テーマがあります。あなたが持っている10の惑星たちは、それぞれ、どのハウスにありますか？　惑星があるハウスは、その惑星がイキイキと輝く場所になります。

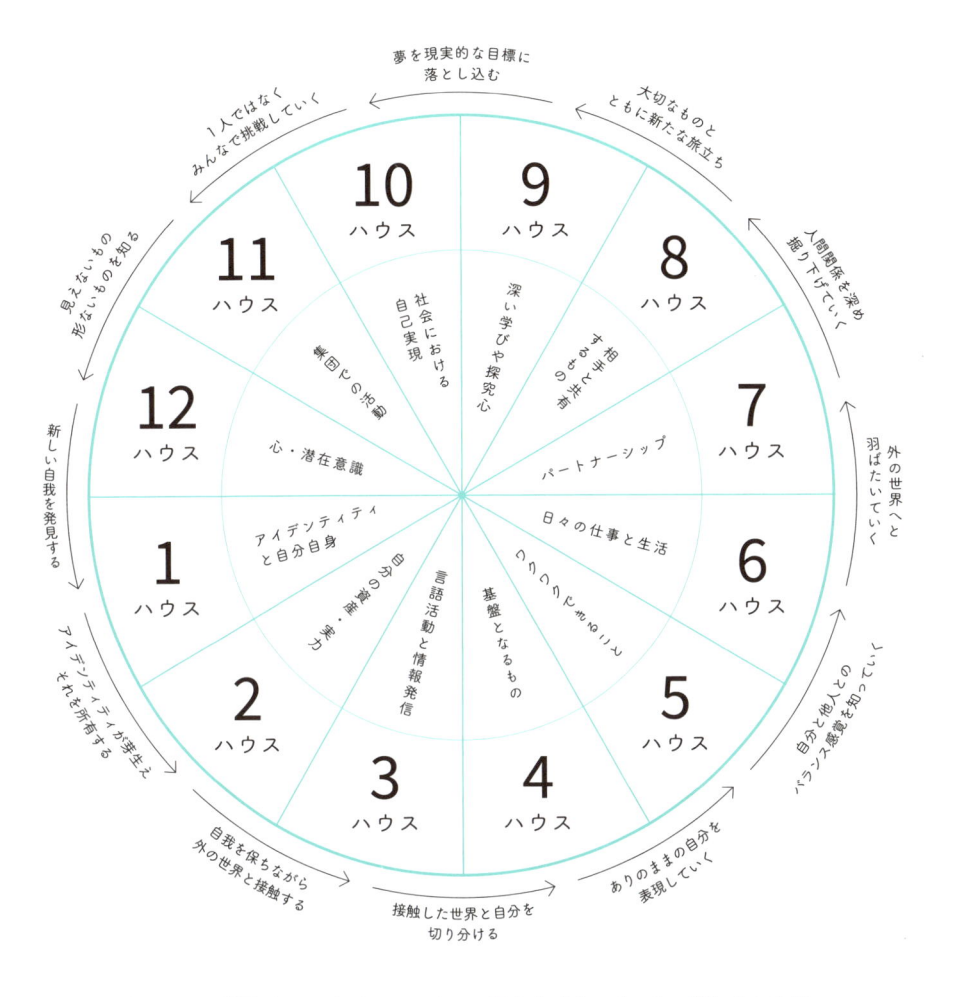

※ハウスの意味は、アイデンティティの芽生え（1ハウス）→芽生えた自我を実力として活かす（2ハウス）→それを情報として、外の世界に発信する（3ハウス）という具合に引き継がれていきます。ハウスを解釈するときは、前後のハウスの意味も意識すると良いでしょう。

1 ハウス

「自分は何者か」
自意識と自己証明の部屋

　自分自身や自我を表す重要なハウスです。自分という存在を強く打ち出し、他者に対して印象を残そう、爪痕を残そうというような行動原理が働きます。人からどう見られるか、つまり自分の外見や行動、セルフイメージや自己表現に意識が向く場面が多くなるでしょう。そのフィールドにおいて、アイデンティティを確立したいという欲求が高まる部屋です。

2 ハウス

目に見えるものに
豊かさや価値を見出す部屋

　資産や実績や所有物など、自分の持ちもの全般、物質的な安定や豊かさを表すハウス。何かを得たい、手元に置いておきたい、というような所有欲が高まる場所です。安定感を得るために、手に職を持つこと、貯蓄や投資などに意識が向くケースが多いでしょう。自分の肉体も所有物。つまり、自分の五感や芸術的感性、ボディケア全般を表す部屋でもあります。

3 ハウス

言語活動全般を表す部屋
学んだことを発信する

　コミュニケーションや情報の受発信、読む・書く・話すの言語活動全般を表すハウス。自分が手に入れた知識やノウハウそのものを表すと同時に、それらを外に向けて発信する、インプットとアウトプットが盛んに行われる場所です。また、引っ越しや旅行など移動に関係する部屋でもあり、環境の変化やキャリアチェンジに関するテーマが噴出する可能性も。

4 ハウス

自分自身を形づくっている
ルーツや心の拠り所

　ホロスコープの足元に位置するハウスなので、自分自身の基盤となるもの——家庭環境や両親や故郷だけではなく、心の拠り所、真の意味での「ホーム／居場所」——を表す部屋です。良くも悪くも家族との縁は強くなります。また、外向きな衝動というよりは、内向きな行動原理が働く場所です。アウトプットよりインプット、アウトドアよりインドアな傾向に。

5 ハウス

楽しいと思えることや
愛おしさを表現する部屋

　愛とクリエイティビティを表すハウス。損得勘定を抜きにして、純粋に自分が楽しいと思えること、無欲に愛情を注げるもの、そういった楽しさやポジティブな感情が活発化する場所です。音楽やダンス、芸術創作やエンタメなど、余暇や娯楽の部屋であり、恋愛や趣味活動も司ります。ワクワクやドキドキを求め、刺激的なことに興味を抱きやすいでしょう。

6 ハウス

日々の仕事や健康問題など
日常と隣り合わせの部屋

　義務と労働、役割意識や奉仕、生活習慣や健康などにスポットライトが当たるハウスです。働き方や仕事の効率化、職場におけるリレーションシップを模索するような場面が多くなるでしょう。また、健康問題に関する悩みや関心が強くなるので、日々のルーティン、食事内容や生活スタイルの見直しなど、メンテナンス・改善・治療の部屋でもあります。

7 ハウス

1対1の対等な関係性
パートナーシップの部屋

　大人数とのコミュニケーションや、社会での振る舞いではなく、1対1のパートナーシップに焦点があたるハウス。結婚運やパートナー運にも関係するため、関わる相手は自ずと関係の深い人物になるケースが多くなります。好意的な関係だけでなく、恩師のような存在、その分野でライバル視している人物との関係性なども含め、繋がりが強い人間関係を表します。

8 ハウス

受け継ぎ、受け継いでいく
有形・無形のもの

　受け継ぐもの、共有するものがテーマになります。遺産や相続、DNAや遺伝など、相手から受け継ぐものはもちろん、セックスや妊娠や出産、配偶者や血縁関係といった、深く親密な人間関係を表す部屋でもあります。深い絆を結びたいという欲求が高まったり、秘められた真実を解き明かしたいという衝動に突き動かされたりすることが多くなるでしょう。

9 ハウス

「ここではないどこか」に憧れを抱く部屋

　高次元への探求心や学びを表すハウス。一時的な好奇心ではなく、人智を超越するようなスケールの大きなものに興味を抱く部屋です。ハイレベルな学問や専門性のある分野、哲学や宗教、あるいはスピリチュアルな世界に対する憧れや好奇心が強くなるでしょう。海外や宇宙と繋がる部屋でもあるので、海外旅行や留学、自然環境や星との縁が強くなるはず。

10 ハウス

社会的な存在意義をどこに・どう見出すか

　社会的なゴール、社会的自己実現がテーマになるハウスです。それはある意味、外の世界に向けたあなたという存在の「完成形」を意味するのかもしれません。社会の中での居場所や存在意義を強く求めるので、必然的にキャリア志向になり、社会や組織との接点、表舞台に立つ機会が多くなるでしょう。オフィシャルの活動や人間関係を表す部屋です。

11 ハウス

喜びや愛、未来の希望を皆と一緒に分かち合う部屋

　5ハウスが「自分から与える愛」を表すのに対して、11ハウスは「周囲から受け取る愛」を表します。1人だけで楽しむのではなく、皆で一緒に楽しむ場所でもあります。利害の絡まないフラットな関係性で接することができる仲間や同志を求める視点が、重要な動機やキーワードになるでしょう。ボランティアや非営利的活動とも縁深い部屋になります。

12 ハウス

表社会からは見えない本当の「あなたの世界」

　通称「秘密の部屋」。目に見える現実世界や物質的な考え方よりも、目に見えない神秘の領域、スピリチュアルな精神性や潜在意識を重視するハウスです。社会的にオープンにできない裏事情や秘密との関わりが多くなる部屋でもあります。インターネット上の自分、ペンネームでの活動など、現実生活から切り離された世界での自己表現や自己確立もテーマ。

あなたの使命を知る
ドラゴンヘッドとは何か

今世の使命、伸ばしたい能力、「魂の成長のための指針」

ドラゴンヘッドは、実際に存在する惑星ではなく、計算上で導き出されるポイントで、太陽の通り道（黄道）と、月の通り道（白道）の交差点のこと。反対側にあるドラゴンテイルと常に対になるもので、「軸」としてセットで捉えていきます。

特徴は、12星座を逆回りで進むことです。これは通常の惑星の動きとは異なるもので、**私たちの「輪廻転生」や「魂の進化」の道筋を示している**という説もあります。

P.50でもお伝えしたとおり、ドラゴンヘッドは「今世から来世へ通じる扉」と表現され、現在の人生における使命、そして未来への可能性を象徴します。今世で伸ばしたい能力や、挑戦すべき新境地を表し、「魂の成長のための指針」となるのです。一方、ドラゴンテイルは過去世やカルマ、手放したいクセを表します。

占星術用語では、ドラゴンヘッド・ドラゴンテイルの2つをまとめて「ノード」「ノード軸」とも呼ばれます。ノードは「結び目」という意味を持ち、人と人とのご縁や繋がり、絆を示すともいわれます。特にドラゴンヘッドは「今世における人間関係」に大きな影響を与えるポイントだと考えられ、ソウルメイト、成長のための良縁、人生を導いてくれるキーパーソンなど、重要な出会いを読むのにも役立ちます。

40代以降、多くの人が、人生の意味や生きる目的について深く考え始めます。**ドラゴンヘッドが示す「今世の使命」や「魂の成長のための指針」といったテーマは、人生後半に直面する課題と強く結びついているのです。**

ホロスコープを使って
自己分析を始めよう

ここまで惑星、星座、ハウス、ドラゴンヘッドの解説をしてきました。それを踏まえて、ここからは、アセンダント（ASC）星座、月〜太陽星座、木星、土星、ドラゴンヘッドの星座とハウス別に、あなたの本質と強み、それを活かせる舞台を見ていきましょう。
自分の星座やハウスは、P.44の「私のホロスコープノート」を確認してください。

ホロスコープの「起点」ですべての始まり
アセンダント（ASC）とは何か

　ASCは、ドラゴンヘッドと同様、実際に存在する惑星ではなく、太陽の通り道（黄道）と東の地平線が交差するポイント。ホロスコープの「起点」であり、占星術において、極めて重要な観点になります。いわば、ASCは、あなたという物語のスタート地点であり、人生そのものの始まりを表しているのです。実体を持たないASCは、月よりもさらに無意識的で、高次元の概念だとされています。

　出生ホロスコープを「自分の家」だとすると、ASCは「玄関のドア」。**実際の人格（実体）ではなく、外側から見たときにどう見えるか、外観としての第一印象（仮装イメージ）**を表します。

無意識のうちに演出している
自分自身の姿（仮面、ペルソナ）

「外面がいい」「内弁慶」という言葉がありますが、ASCはまさに「外面」、「仮面」（ペルソナ）であり、人前での立ち居振る舞いや醸し出す雰囲気など、無意識のうちに演出している自分自身の姿を表しています。つまり、ASCの星座からは、私たちの第一印象がわかるのです。

　また、自分に似合う色やファッションも表します。自分自身が好むものではなく「実際に似合うもの」です。面接やプレゼンなど、ここぞというときの勝負の場面で自分のASCの星座を意識してみると、好印象や好評価を持たれやすいでしょう。ちなみに、自分自身が好む色やファッションは、金星の星座が表します。

ASCの理解が
悩みの克服に繋がる

　特に、40代前後のミッドライフ・クライシスに直面する時期は、ASCの理解が非常に大切になるでしょう。人生後半戦に切り替わっていく転換期において、私たちは自己の存在意義や人生の目的について、より深く考えるようになります。そんなとき、**ASCへの理解が、アイデンティティの探求において新たな洞察を得るきっかけになる**はずです。

　前述のとおり、ASCは、「外界に対して、私たちが無意識に演じている顔」。この「無意識の自己演出」を認識することで、どんな自分であろうとしているのか、人からどう見られたがっているのかがハッキリします。これまで無意識に演じてきた「外面」を自覚した上で、これからどうしていきたいのか、改めて考えてみましょう。

ASCで見る「あなたのペルソナ」

あなたのホロスコープで
ASCは何座？

♈ ASCが牡羊座のペルソナ

「いつも明るく前向きで強い」

弱音や愚痴を吐かず、常に明るく元気に振る舞い、ポジティブな言葉で周囲を活気づけます。強気な態度や率直すぎる物言いから、若い頃は生意気だと思われてしまうことも。40代以降は、このバイタリティを、リーダーシップとして成熟した形で表現することが課題。赤やピンクなどのビビッドカラーが似合い、攻めの色気を出すことで魅力アップ。

◆ ・ ・ ・ ◆

♉ ASCが牡牛座のペルソナ

「エレガントでスローな可愛らしさ」

常に上品かつ穏やかな態度で人と接します。所作も口調も行動もゆっくりで、どんな状況でも取り乱すことがなく、安定感を与えます。持ちものや服装から、美的センスの良さも自然と滲み出します。現状維持を好みますが、ミッドライフに差し掛かると、新たな変化の必要性と向き合うことに。素材や質感を重視したアースカラーが似合うでしょう。

◆ ・ ・ ・ ◆

♊ ASCが双子座のペルソナ

「知的で小粋な文化人」

軽やかな態度で人と接し、ウィットに富んだ会話で周囲を楽しませます。多様な趣味や興味を持ち、どんな話題にも対応できる柔軟性が強みですが、軽薄な人だと思われてしまうことも。40歳を過ぎると、より深い専門性や深い絆を築くことが課題に。服装やアクセサリーに爽やかなビタミンカラーを取り入れると、自分らしさを上手に表現できそう。

◆ ・ ・ ・ ◆

♋ ASCが蟹座のペルソナ

「ほっと安心できてくつろげる」

常に柔らかで温かな態度で人と接し、安心感を与えます。感受性豊かで相手の気持ちを察しますが、その背景には、他者への保護欲求や依存心が潜んでいる可能性も。ミッドライフに差し掛かると、家族や友人との関わり方が変化し、自立した生き方が求められるでしょう。丸みのあるデザイン、パステルカラー、パールのアクセサリーが似合いそう。

♌ 「カリスマオーラを放つ大物」

気高く凛々しく振る舞い、その堂々とした風格で、一目置かれる存在。寛大で温かな心を持ち、周囲に活力を与えますが、40代以降は必要以上にプレッシャーを感じやすい傾向に。自分の輝きを維持しながらも、他者の成功を支援する立場に回ることで、新たな存在意義を見出すでしょう。年齢を重ねても、リッチ&ゴージャスな装いを身に纏って。

◆ ・ ・ ・ ◆

♍ 「知性と清潔感が滲み出る」

常に礼儀と節度をわきまえた言動で人と接し、品行方正で優等生的な印象を与えます。完璧主義で論理的な分析を好みますが、ミッドライフ・クライシスでは、細部へのこだわりが、時に大局を見失わせることに気づくかも。より広い視野で物事を捉えることで、新たな可能性が開けるでしょう。白を基調としたシンプルな装いで、知性と清潔感を演出して。

◆ ・ ・ ・ ◆

♎ 「オシャレで洗練された都会派」

天性の社交センスと紳士淑女的な振る舞いで、洗練された雰囲気を醸し出す人。どんな状況でも取り乱さず理性的で、エレガントな物腰を崩しません。美意識も高くオシャレですが、40代を迎えると、慌しさから手抜きになってしまう傾向も。フォルムやシルエットを重視したシンプルな装いで、嫌味のない「大人スタイリッシュ」を目指して。

◆ ・ ・ ・ ◆

♏ 「奥深くミステリアス」

寡黙かつ冷静な態度で人と接し、深みのある雰囲気、浮わつきのない安定感を醸し出します。鋭い洞察力と自制心があり、物事の本質を見抜きますが、ミッドライフに差し掛かると、より開放的な生き方への移行が求められそう。利害を超越した人との絆を築くことが、新たな課題となるでしょう。黒やワインレッドを取り入れ、妖艶さを演出すると◎。

ASCで見る「あなたのペルソナ」

あなたのホロスコープでASCは何座？

♐ ASCが射手座のペルソナ

「いつも自然体で楽しそうな人」

誰に対してもフレンドリーな態度で接し、楽観的でオープンな雰囲気を演出。相手の緊張をほぐすための気遣いだともいえるでしょう。人間関係のしがらみからは距離を取り、自由な立場を確保したがります。40代以降は、自由と責任のバランスを取りながら、社会に還元していくことが求められるでしょう。カジュアルで抜け感のあるコーデが好相性。

◆ ・ ・ ・ ◆

♑ ASCが山羊座のペルソナ

「地に足のついた大人の雰囲気」

賢く常識的な態度で振る舞い、地に足のついたしっかり者の印象を与えます。その落ち着きから、実年齢より上に見られることが多いでしょう。社会的な実績や地位を重んじますが、ミッドライフに差し掛かると、外面的な成功基準を見直し、内面の充実を追求することが課題に。黒や茶色やカーキなどの大人カラー、クラシカルな装いが似合います。

◆ ・ ・ ・ ◆

♒ ASCが水瓶座のペルソナ

「一風変わった個性派」

筋金入りの平等主義者。国籍や性別や年齢や肩書によって態度を変えることはなく、常に中立的で公平な態度で人と接します。縦社会的な構造や体制に反発しますが、40代以降は、前例にとらわれないユニークな着眼点と発想力を活かしながら、社会との繋がりをフラットに構築することが課題に。服装は超シンプルor超奇抜のどちらかが好相性。

◆ ・ ・ ・ ◆

♓ ASCが魚座のペルソナ

「癒しと神秘のムードメーカー」

どんな色にも適応できる、変幻自在のペルソナ。その場の雰囲気を敏感に感じ取り、違和感なく馴染むように振る舞います。豊かな想像力と芸術的な感性も特徴。ミッドライフに差し掛かると、馴染むことよりも個性を主張すること、その豊かな感性を具体的に表現することが課題になるでしょう。可愛らしいデザインやガーリーなファッションが好相性。

ASC・太陽・月・土星で
自分の「骨格」を捉えてみよう

　これまでの人生で、無意識に演じてきた自分（ASC）、意識的に創り上げてきた自己像（太陽）、内側に秘めた本当の自分（月）、そして、最終的に辿り着く自分（土星）。

　ASC・太陽・月・土星の星座で捉えていくことで、自分自身でもわからなかった自分、その矛盾や謎の理由が、少しは明らかになるはずです。また、ミッドライフ・クライシスを乗り切るためのヒントも得られるでしょう。

 WORK P.44で作成した「私のホロスコープノート」を見て、それぞれの星座を書き出しましょう

※各星座の性質については、P.51〜「12星座のキホン」をCheck!

ASCが ＿＿＿＿＿＿ **座**

第一印象や外界に接するときの自分（ペルソナ）、他人から見た人物像

＿＿＿＿＿＿＿＿＿＿＿＿

月が ＿＿＿＿＿＿ **座**

身内しか知らない本性（プライベートの人格）、
無意識の自分・「こうでしかない」現実の自分

＿＿＿＿＿＿＿＿＿＿＿＿

太陽が ＿＿＿＿＿＿ **座**

いつもの○○さん（オフィシャルの人格）、
意識的に創り上げる自分、
「こうありたい」理想の自分

＿＿＿＿＿＿＿＿＿＿＿＿

土星が ＿＿＿＿＿＿ **座**

自分の最終的な在り方、
こうなりたいという意図を超えて、行き着く最終形

＿＿＿＿＿＿＿＿＿＿＿＿

♈ 月が牡羊座

「常に強い自分で前進し続けたい」

　弱音や愚痴を吐くなんてカッコ悪い！明るく元気に、ポジティブマインドで、常に成長し続けている自分でありたい！という無意識の強い欲求があります。けれども、長い人生、進むことではなく「待つこと」、勝つことではなく「負けること」が必要な場面も多々あります。強い自分で進み続けることは、人間として不可能なのです。自分の傷や弱さも受け入れることで、本当の強さ、本物の優しさを手に入れることができるでしょう。

◆・・・◆

♉ 月が牡牛座

「マイワールドを確保＆維持したい」

　自分が本当に気に入ったものだけを手元に確保し、維持し、守り抜きたいという強い欲求を持っています。しかし、家族や子どもの成長に合わせて食事内容や家の間取りを変えなければならないなど、自分の好みだけで衣食住を決められない場面が増えてくると、フラストレーションで心身に支障をきたすかも。まずは、自分だけのスペースを確保しましょう。そこだけは自分の好きなように整え、宝物に囲まれて過ごす時間を作ってみて。

◆・・・◆

♊ 月が双子座

「知的に成長し続けたい」

　好奇心の塊で、常に新しい知識や情報を求めていますが、子育てに追われたり、残業が続いたりすると、自分の関心事に時間を使う余裕がなくなってしまう場合も。まずは少しずつでも良いので、自分の時間を作ることが大切です。気になる本を読んだり、オンライン講座を受講したり、知的な成長を実感することでイキイキできるはず。そこで得た知識をアウトプットする機会も大切。パートナーや家族との会話や、相互理解も重要な問題です。

「家族的な関わりや絆が欲しい」

月が蟹座

　家族や親しい人々との情緒的な関わりや絆を、人一倍強く求めます。共通の思い出を持ち、お互いの気持を理解し合える関係性こそが、安らぎと幸せの源泉なのです。家族や親しい人々との関係が希薄になると、精神的に不安定になってしまいます。仕事や子育てに追われる中であっても、家族やパートナーと過ごす時間を意識的に確保しましょう。動物や植物を育てる、あるいは「推し活」など、自分の愛情を注ぎ込む対象を見つけることも大切。

◆ ・ ・ ◆

「周囲に希望を与える存在でありたい」

月が獅子座

　自身の個性と実力で、周囲の人に勇気と希望を与えられる存在のあなた。年齢を重ねて職場やコミュニティでの立場が変わると、部下やスタッフを指導・サポートするような役割、いわば「主役」を譲らなければならない場面が増えてくるでしょう。しかし、この先もあなたの存在が太陽のごとく人々を照らし続けることに変わりありません。公私にわたってリーダーシップを発揮し、頼られ、必要とされることで、イキイキできるでしょう。

◆ ・ ・ ◆

「無駄なく予定どおりに物事を進めたい」

月が乙女座

　自分の役割や目標を明確にし、スケジュールや時間を完璧に把握・管理したいという強い欲求があります。しかし、年齢を重ねるごとに人生は複雑さを増し、家庭と仕事、子育てと介護など、さまざまな役割を同時進行で担うことに。自分の計画どおりにできないことに、強いストレスを抱えてしまうでしょう。まずはできる範囲でいいので、自分なりの秩序を書き出してみて。プライオリティを明確にし、現実的な範囲で整理を図りましょう。

♎︎
月が天秤座

「すべての人と円満な関係を築きたい」

　周囲との調和を大切にし、誰からも好かれる存在でありたい、嫌われたくないという強い欲求があります。しかし、年齢を重ねるごとに家庭や職場での立場が変化し、すべての人々との関係性を円滑に保つことは困難を極めるはず。部下との意見の食い違いに悩んだり、友人との価値観の違いに戸惑ったり、円満や調和を保つことに疲れを感じることも。無理に相手に合わせるのではなく、あなたにとって意味のある関係性を選択していきましょう。

◆ ・ ・ ・ ◆

♏︎
月が蠍座

「隙間なく完全に理解し合いたい」

　人との関係性において、相手を徹底的に理解し、相手にも徹底的に理解してもらうことを強く求めます。「表面的なつき合い」や「中途半端な理解」は耐えがたいのです。しかし、年齢を重ねるにつれ、深い絆を築くことの難しさを痛感するでしょう。長年連れ添った伴侶の心の内を理解できなくなったり、親しい友人との間に距離を感じたりして苦しむことも。完全に理解し合おうとするのではなく、理解し合えない部分も含めて愛してみて。

◆ ・ ・ ・ ◆

♐︎
月が射手座

「なぜなのか、意味や理由が知りたい」

　人生の根源的な意味を探求したいという強い欲求があります。しかし、年齢を重ねるごとに、日々の生活に追われ、目の前の物事やタスクの意味、理由を考える時間は失われがち。ルーティンワークに埋もれ、仕事の意義を見失ってしまったり、家族を養うことに必死で、自分の人生の目的を忘れてしまったり…。今こそ立ち止まり、肝心な「なぜやるのか」の部分を1つひとつ掘り下げていきましょう。やる必要のないことにも気づけるはず。

♑ 月が山羊座
「社会に認められる成果を出したい」

社会の中に自分の役割を持ち、きちんと成果を出したいという強い欲求があります。しかし、年齢を重ねるごとに、目標に向かって着実に努力を重ねても、思うように結果が出せないという挫折感が強くなるかもしれません。20代で描いていたキャリアプランが狂ってしまったり、仕事と家庭との両立に悩まされたり、理想の人生とのギャップに苦しむことも。結果や成功の定義にとらわれるのではなく、プロセス自体に価値を見出して。

◆ ・ ・ ・ ◆

♒ 月が水瓶座
「すべてにおいて平等でありたい」

一人ひとりの個性や人権が尊重される環境、損も得もすべて平等である関係性を強く求めます。しかし年齢を重ねるごとに、自分の負担が増え、理不尽な役回りや状況が多くなってくるでしょう。かといって、その度に牙を剥いていると、いつの間にか孤立無援になってしまうかも。一線を引いて対等性や平等性を主張するのではなく、持ちつ持たれつ、助け合いや譲り合いの精神を持つことで、「人としての器」が広がっていくはずです。

◆ ・ ・ ・ ◆

♓ 月が魚座
「人の愛や善意、光を信じたい」

争いや攻撃がなく、皆が助け合い、平和に暮らせる世界の実現を願っています。しかし人生も後半に入ると、現実社会の厳しさが身に染みます。信頼していた人から裏切られたり、世の中の不条理に心を痛めたり、そうやって何度も傷つき、失望するうちに、「自分の心のシェルター」から出ないようになってしまったかもしれません。でも、それでも「人を信じたい」という気持ちを失わないことこそが、あなたの尊さであり美しさなのです。

水星で見る「才能と仕事」

あなたのホロスコープで水星は何座？

♈ 水星が牡羊座

「自分の意見を率直に伝える力」

　初対面でも物怖じせず、自分が思ったことを率直に表現することが得意です。しかし40代以降になれば、これまでのように直接的な意見を述べることが難しくなる場面も。部下に強く指示を出して反発を招いたり、同僚との議論で感情的になってしまったり、コミュニケーションの課題に直面しそう。けれどもあなたの強みは、圧倒的な瞬発力。その場の状況に瞬時に合わせてアプローチを変え、適切なタイミングで自分の意見を伝えて。

◆ ・ ・ ・ ◆

♉ 水星が牡牛座

「粘り強く精度を高めていく力」

　穏やかな言葉や表現の奥に、強い意志を秘めています。じっくり時間をかけてクオリティの高い仕事や作品を創り上げていくのが特徴。しかし人生の後半になると、周囲のスピードについていけないと感じることが多くなるかもしれません。同期が次々に重要な役職についていく中で、不安や焦りを感じる場面も。長距離ランナー＆大器晩成型のあなたは、短期的な結果にとらわれず、長期的な視点を持って、粘り強くマイペースを貫いて。

◆ ・ ・ ・ ◆

♊ 水星が双子座

「柔軟に変化に適応する力」

　書く・読む・話すの言語表現力に優れ、会話力や交渉力が武器。幅広い知識を持ち、同時進行でさまざまな役割をこなせるマルチプレイヤーでもあります。もちろん年齢とともに、これまでのように次々と新しいことにチャレンジすることは難しくなるでしょう。責任や重圧が重くなり、身軽に動けない状況の中で葛藤することも。けれどもあなたの強みは、柔軟な適応力と対応力。元来の機転を働かせ、あなたならではのアレンジや工夫を凝らして。

「人の気持ちに寄り添う力」

水星が蟹座

　情緒豊かな表現力で、人の心に訴えかけることが得意。相手の気持ちに寄り添い、共感することで信頼関係を築く人です。しかし40代を過ぎれば、これまでのように周囲の気持ちに応えることが難しくなる場面もあるかもしれません。部下の悩みに親身になりすぎて公平性を欠いたり、立場上、意見を言えなくなったりすることも。でも、あなたの最大の強みは、傾聴力と共感力。人の気持ちを大切にしながら、自分の境界線も上手に守って。

◆ ・ ・ ・ ◆

「魅力的に自分をアピールする力」

水星が獅子座

　堂々とした話し方、華やかなパフォーマンスで周囲を魅了し、引き込む才能があります。しかし40歳を過ぎると、これまでのようにスポットライトを浴びる機会は減っていくかもしれません。若い世代に注目が集まり、自分の存在感が薄れていると感じる瞬間も。でも、あなたの強みは、圧倒的な表現力。長年培ってきた経験に裏打ちされた自信を胸に、存在感を存分に発揮して。むしろ年齢を重ねるほどに、強さと説得力は増していくはず。

◆ ・ ・ ・ ◆

「課題を整理し効率的に進行する力」

水星が乙女座

　物事や状況を的確に分析することに長けています。納期や目標から逆算してTo Doを整理し、効率的に進めていくことが得意。しかしキャリアを積む中で、業務量が増えて質を維持できなくなったり、細部にこだわりすぎて全体が見えなくなったりすることも。でも、あなたの最大の武器は、ディレクション能力。優先順位を見極め、これまでの経験も活かし、効率的に完成を目指して。最終的にあなたが求める「完璧」にも到達できるはず。

♎︎ 水星が天秤座

「人と人を仲介しまとめ上げる力」

どんな相手とも公平に接することができます。状況判断力に優れ、全体のバランスを取りながら、見事にコミュニケーションの調和を図ります。しかし40代以降になれば、上司と部下の板挟みで苦戦したり、自分の意見を押し殺して同調してしまったりする場面も。そんなときこそ、あなたの最大の強みである仲介調整力を存分に発揮するべき。中立的な視点はキープしつつ、相反する意見から最適解を導き出し、対等な関係を築いて。

◆ ・ ・ ・ ◆

♏︎ 水星が蠍座

「洞察力で本質を見抜き交渉する力」

物事の本質を鋭く見抜く洞察力が光ります。表面的な言葉ではなく、相手の本音を汲み取るのが得意。しかし年齢を重ねると、政治的な駆け引きに疲れてしまったり、心許せる人が減ってしまったりで、これまでのように深く人間関係に入り込むことが難しくなるかもしれません。そんなときだからこそ、あなたの強みである洞察力や交渉力が最大の武器に。相手の本心を見抜き、表層的なつき合いではなく、真に価値ある関係性を築いていって。

◆ ・ ・ ・ ◆

 水星が射手座

「大局観を持って未来を見通す力」

物事を大きな視点で捉えることが得意。将来のビジョンを力強く語り、周囲を巻き込んでいくパワーがあります。しかし40歳を過ぎると、現実的な制約に縛られて、これまでのように理想を追求することが難しくなるかもしれません。でもそんなときこそ、あなたの最大の強みである未来を見通す力を信じて。前例にとらわれず、理屈ではなく直感的なヒラメキに従って、新たな可能性を切り拓きましょう。自分が持つ独自の視点を大切に。

「戦略的に最終目標を完遂する力」

水星が山羊座

最終目標を見据えた上で、緻密な計画や戦略を立て、着実に成果を出す力が光ります。しかしキャリアを築く中で、状況が複雑難解化し、これまでのようにすべてをコントロールすることが難しくなってくるでしょう。予期せぬトラブルに見舞われて計画が狂ってしまったときは、あなたの最大の強みである戦略的思考を信じて。状況に応じて柔軟に計画を立て直し、粘り強く、そして野心的に、価値のある最終ゴールを完遂しきりましょう。

◆ ・ ・ ・ ・ ◆

「独創的なアイデアで社会に貢献する力」

水星が水瓶座

既成概念にとらわれない着眼点や発想力が光ります。合理的でありながら斬新なアイデアで難題を解決に導く能力は誰にも負けません。しかし40代以降になると、本質から逸れた"大人の事情"に巻き込まれてしまうことも。けれどもあなたは、自分の最大の強みである革新的な思考を信じて貫けばいいのです。古臭い常識にとらわれず、オリジナルな価値を生み出し続けて。豊かでキレのある知性を活かし、真の社会貢献を目指しましょう。

◆ ・ ・ ・ ・ ◆

「直感や感性を芸術的に表現する力」

水星が魚座

言葉にならない感覚や感性を大切にするあなた。神懸かった直感や動物的嗅覚が最大の武器です。しかし40歳を過ぎると、複雑な人間関係に翻弄されたり、シビアな判断が求められたりして、これまでのように直感だけで判断することが難しくなってくるかもしれません。けれどもそんなときこそ、自分のインスピレーションを信じて。豊かな想像力や言葉にならない想いを、芸術的に表現し、発信し続けていくこともあなたのミッションです。

金星で見る「愛と豊かさ」

あなたのホロスコープで金星は何座？

♈ 金星が牡羊座

「魂の衝動に突き動かされる喜び」

情熱的な愛情表現に心躍らせます。好意をストレートに伝えてくれる相手に惹かれ、熱烈に愛されたいと願うでしょう。恋愛過渡期を過ぎると、自分の戦闘力を高めることに喜びを見出します。元来の動物的嗅覚に従って衝動的に動いているとき、欲しいもの（獲物）を無心で追いかけているときが、何よりの幸せタイム。ただし、対象が手中におさまると、アッサリ飽きてしまう傾向も。また欲しいもの（獲物）が現れるのを待つのみ！

◆ ・ ・ ・ ◆

♉ 金星が牡牛座

「五感で味わい尽くす喜び」

熱しにくくて時間はかかるけれど、一度愛したものへの忠誠心や愛着心は半永久的。ゆっくり時間をかけて愛されることを願うでしょう。官能的なスキンシップも大切。恋愛過渡期を過ぎると、誰にも邪魔されず、自分だけの贅沢タイムを持つことが何よりの幸せ。好きな音楽を聴いたり、お気に入りのカフェで過ごしたり、セレブなエステで美を磨いたり、持ち前の鋭い五感をフル活用しているときに、極上の喜びを感じるでしょう。

◆ ・ ・ ・ ◆

♊ 金星が双子座

「知的に成長していく喜び」

友情と恋愛感情が明確に切り分けられるわけではなく、フィーリングやテンポが合う人はみんな好き。とりとめのないおしゃべりが大好きで、「質より量」のやり取りや会話を好みます。恋愛過渡期を過ぎると、知的に成長できることが何よりの幸せ。溢れる好奇心に従って、さまざまな勉強会やセミナー、習いごとに参加し、知的研鑽に精を出すでしょう。また、そういった学びを通して自己理解を深めることにも大きな喜びを感じます。

「必要とし、必要とされる喜び」

刺激的な関係よりも、家族のような温かみのある愛情関係を求めます。自らの愛情表現も、家族に向ける愛と近いものになるでしょう。一緒にいる時間は多いほど良く、遠距離恋愛などは向きません。恋愛過渡期を過ぎると、思い出を共有している家族や仲間に囲まれて過ごすプライベートタイムが何よりの幸せ。誰かに必要とされているとき、あるいは、必要としたときにそばにいてくれる人がいることに、最上級の喜びを感じるでしょう。

◆ ・ ・ ・ ◆

「クリエイティブな世界にいる喜び」

ヒーロー・ヒロイン願望があり、ありきたりじゃない運命的な恋物語に憧れます。平和で穏やかな関係よりも、刺激的でドラマチックな愛情表現に心躍らせるでしょう。恋愛過渡期を過ぎると、独自の表現方法やクリエイティブな活動で周囲から注目を浴び、称賛されることが何よりの幸せに。また、華やかでゴージャスな世界観、ダイナミックでスケールの大きな芸術やエンタメに触れることでも、魂が喜び、イキイキ輝くでしょう。

◆ ・ ・ ・ ◆

「ズバリ的中！の快感と喜び」

感情をむき出しにするような激しい愛情表現は好みません。プラトニックな愛情と貞操観念の持ち主です。恋愛過渡期を過ぎると、相手を分析し、相手が求めている以上のサポートをし、それが見事にハマって大喜びされたときに、何よりの幸せを感じるでしょう。良くも悪くも「相手の図星を突く」ことに、極上の喜びや快感を得るのです。無駄や脚色のないシンプルな機能性、予定どおりの進行や計算、スッキリ整った部屋も大好き。

♎ 金星が天秤座

「美しいものに触れる喜び」

大人の距離感を保ち、上品で洗練された愛情表現をします。相手にも同じスタンスを求めるでしょう。恋愛過渡期を過ぎると、美しい人物、美しい芸術文化、美しい景色、美しい服やアクセサリー、美しい食器や家具など、とにかく「美しいもの」を眺めたり触れたりする時間が何よりの幸せに。胸がトキメクのと同時に、この上なく癒されるのです。美的センスを発揮し、自分がセレクトした美しいものを褒められることも、至福の喜び。

◆ ・ ・ ・ ◆

♏ 金星が蠍座

「全身全霊を捧げ合う喜び」

一途で濃厚な愛情の持ち主。お互いにすべてを捧げ合うような、破滅的で運命的な愛に強い憧れを抱きます。恋愛に限らず、それが趣味や仕事であっても、自分がこれだと確信すると、全身全霊の愛を注ぎ込みます。逆に、のめり込める対象がないときは、無気力になりやすい傾向も。好みや趣味はマニアックで、あまり公にしたがりません。だからこそ、共通点のある相手、以心伝心で通じ合える関係に、恍惚の喜びを感じるでしょう。

◆ ・ ・ ・ ◆

金星が射手座

「自由な冒険と謎解きが喜び」

何よりも自由を愛し、恋愛や結婚などの関係に縛られることは苦手。お互いの自由を尊重し、お互いに尊敬し合い、知的に高め合うような関係であれば長続きするでしょう。基本的には1人が好きで、予測がつかない状況にこそワクワクします。予定が何も決まっていない休日が何よりの幸せかも。そのときの気分に任せて、いかようにでも動ける状態に極上の喜びを感じるのです。謎解きゲームや推理系のドラマや小説も大好き。

「時間をかけて熟成させる喜び」

金星が山羊座

　地に足のついた愛情の持ち主。「責任を取る」ということが、最高レベルの愛の形なのかもしれません。相手にそれを求めると同時に、自分自身も常にそのつもりで相手と向き合います。また、継続的に努力を積み重ねることの大変さを熟知しているからこそ、歴史的な資産や建造物、由緒ある文化、受け継がれてきた伝統を賛美します。アンティーク、職人の技術や老舗の味に惹かれ、それを味わうことに喜びを感じるでしょう。

「個性を尊重し、認め合える喜び」

金星が水瓶座

　性別も年齢も国籍も立場も超えて、1人の人間として向き合える関係性を求めます。恋愛や結婚というより、同志や戦友という表現のほうがしっくり来るはず。押しつけられる志向や価値観には徹底して反発し、「誰とも同じではない」自分流でいることを死守します。お互いの個性を理解し合い、尊重し合える仲間と、自然に囲まれた場所で語り合う時間に喜びや幸せを感じるでしょう。海外旅行や異文化交流、ドライブや散歩も大好き。

「魂が溶け合い、一体化する喜び」

金星が魚座

　身も心も溶け合うような、甘くロマンチックな愛情関係を求めます。恋愛過渡期を過ぎると、音楽・文学・芸術・自然との触れ合いなど、感性を揺さぶるビビッドな感動体験が、何よりの幸せに。例えば「音楽で繋がる」なんていう表現がありますが、言葉や理屈、現実的な諸問題を飛び超えて、ハートとハートで響き合い、その場にあるすべてが一体化していくような躍動感、ワンネスに、この上ない喜びとエクスタシーを感じるでしょう。

太陽で見る「あなたにしかできないこと」

あなたのホロスコープで太陽は何座？

♈ 太陽が牡羊座

「新しい挑戦でイノベーションを起こす」

独立心が強く、新しいことにチャレンジできる人。自分のアイデアを素早く実行に移し、イノベーションを起こすパワーがあります。周りの優秀な人を見て自信をなくしてしまうこともあるかもしれませんが、そんなときこそ、あなたの最大の強みである「実行力」を信じて。前例のない新しいことに挑戦し、新しい価値を生み出していきましょう。「自分が決めたことは最後までやり抜く強さ」が、多くの人を励まし、勇気づけるはず。

◆ ・ ・ ・ ◆

♉ 太陽が牡牛座

「着実にプロジェクトを推進する」

どのような状況や環境に置かれても、取り乱して慌てふためくことなく、冷静に着実にプロジェクトを推進する力があります。その揺るぎない安定感や信頼感こそが、あなたならではの強み。自分には華やかな個性がない…と落ち込んでしまうこともあるかもしれませんが、そんなときこそ、これまでに積み重ねてきた実績や経歴を信じて。あなたの堅実さと誠実さは、周囲の人はもちろん、社会に対しても、安定と発展をもたらすはずです。

◆ ・ ・ ・ ◆

♊ 太陽が双子座

「色々なものを組み合わせてアレンジする」

好奇心旺盛で多芸多才なマルチプレイヤー。興味の対象が広がりすぎて、何がやりたいのかわからなくなってしまったり、途中で飽きてしまったりして、自信をなくすことも多いかもしれません。けれども、無理に1つに絞り込んだり、1つだけを極めたりする必要はありません。双子という名前のとおり、「2つ以上のもの」を同時進行すること、組み合わせてアレンジすることこそ、あなたにしかできない才能であり、付加価値なのです。

「人を育て、チームとしてまとめる」

太陽が蟹座

　仲間意識や助け合いの精神が強い人情家。きめ細やかな心配り、共感力や傾聴力で、メンバーそれぞれの長所を引き出しつつ、プロジェクトを成功へ導く力があります。自分には強みも特技もない…と自信をなくすこともあるかもしれませんが、あなたは、チームワークには欠かせない、貴重で稀有な存在なのです。新人や部下の育成など、人の教育や指導をする立場に就くことで、最大限に才能を発揮することができるでしょう。

◆ ・ ・ ・ ◆

「周囲を照らし、人々に希望を与える」

太陽が獅子座

　人を惹きつける求心力があります。それは、生まれながらにしてセルフプロデュース能力に優れているから。自分の持ち味やカラーを理解していて、見せ方や魅せ所をわきまえているのです。また、「一度しかない人生、楽しまなきゃもったいない」ということを自分が一番よくわかっているからこそ、人々を元気づけ、楽しませようとするサービス精神に溢れます。あなたはどんな場面においても周囲を明るく照らし、憧れや希望の存在となるでしょう。

◆ ・ ・ ・ ◆

「相手のニーズを超え、最善に仕上げる」

太陽が乙女座

　研究熱心で、人や物事を徹底的に分析するタイプ。適応力に優れ、すぐにコツをつかむことができるので、大抵のことは器用にこなせるはず。相手の意図やニーズを的確に察知し、最善の形に仕上げることができるのも、あなたならではの強み。自分がリーダーとなって指示を出すよりも、特定の人のサポート役や右腕のようなポジションに立つことでこそ、本来の才能が際立つでしょう。他者の能力を見抜き、引き出すことも得意なはず。

太陽で見る「あなたにしかできないこと」

あなたのホロスコープで太陽は何座？

♎︎ 太陽が天秤座

「全体にとって的確な答えを導き出す」

バランス感覚と判断力に優れ、Win-Winの関係性を築く力があります。全体の状況やそれぞれの言い分を冷静に見極め、その場、その場の最適解を導き出すことができるのです。年齢を重ねて立場が上になると、同時に多くの決断をしなければならない場面も。しかし、どのような状況に置かれても常に「中立公平な軸」があり、安定感があります。相談役や御意見番のようなポジションで、最大限に才能を発揮することができるでしょう。

◆ ・ ・ ・ ◆

♏︎ 太陽が蠍座

「鋭い洞察力で組織の中枢を担う」

鋭い洞察力で、物事の本質を見抜くことができます。あなたが見つめているのは、表面的なところではなく、見えていない部分。むしろ、見えない部分にしか目を向けないと言っても過言ではないでしょう。駆け引きや心理戦では、あなたに敵う相手はいません。組織の問題点を把握し、経営や人事などの中枢に関わるようなポジションで本領を発揮できるでしょう。研究職や技術職など1つのテーマを極め抜くことでも才能を発揮します。

◆ ・ ・ ・ ◆

 太陽が射手座

「冒険心と遊び心で、未来を切り拓く」

高い理想を掲げ、未来を切り拓いていく力があります。結末が容易に想像できることよりも、どうなるか予測がつかないリスキーなことのほうがモチベーションが上がるでしょう。「そろそろ落ち着いたら？」なんて言われて落ち込んでしまうこともあるかもしれませんが、けっして老いることのない冒険心と遊び心こそが、あなたならではの最大の強みなのです。一般論にとらわれず、独自の視点で未来を描き、未知なる可能性に挑戦し続けて。

♑「責任感を発揮し、具体的な成果を出す」

太陽が山羊座

目的意識と責任感が強く、推進力や実行力もあるリーダータイプ。全体目標を達成するためのプランを作成し、それを皆で共有し、プロジェクトとして具体的な成果や実利を導き出す力があります。有能なので個人で動けないこともないのですが、より大きな組織や集団の中でこそ、最大限に本領を発揮することができるでしょう。あなたの緻密な戦略とマネジメント能力は、組織や集団の枠組みを超え、社会全体への貢献に繋がるはずです。

◆ ・ ・ ・ ◆

♒「斬新な切り口で、新しい風を巻き起こす」

太陽が水瓶座

常識にとらわれない独創的な発想力や切り口で、革新的なアイデアや改善案を次々に生み出す人。形骸化した古い体制にテコ入れをするなど、社会を変革していく力があります。個々人の意見が尊重される自由な環境でこそ、最大限に才能を発揮することができるでしょう。あなたのユニークな発想力と行動力は、社会に大きなインパクトや新しい旋風を巻き起こすはず。常に一歩先を見据え、お金ではない人道的な社会貢献を目指しましょう。

◆ ・ ・ ・ ◆

♓「共感力と芸術的表現力で人々の傷を癒す」

太陽が魚座

共感力と慈悲深さで、人の気持ちに寄り添うことができます。音楽や絵や文芸などの芸術的なアプローチを通して、人々を癒すことができるでしょう。また、群を抜いた平和主義者で、争いの火種を鎮火することに全エネルギーを注ぎます。意見の食い違いや終わらない議論など、殺伐とした空気をさりげなくやわらげることができるのは、まさにあなたにしかできないことだと心得て。メンタル面でのサポート役としても才能を発揮するでしょう。

火星で見る「自己アピールの方法」

あなたのホロスコープで
火星は何座？

♈ 火星が牡羊座

「瞬発力と行動力、積極性をアピール」

積極性と行動力を前面に押し出しましょう。短期間で達成した目標、率先して取り組んだ難題の具体例が強みになります。新規プロジェクトの提案、迅速な意思決定の経験も、とても魅力的。面接や自己紹介では、「私は即断即決で行動に移し、結果を出せる人間です」と強調し、実際の成果を示すと効果的です。新たな挑戦の際は、これまでの経験を活かしつつ、さらなる成長への意欲を表現することで、周囲を牽引していく存在になれるはず。

◆ ・ ・ ・ ◆

♉ 火星が牡牛座

「絶対に諦めないタフな根性を打ち出す」

粘り強さと持久力を前面に押し出して。時間はかかっても一度やり始めたことは手を抜かず、どんな困難が降りかかってきても諦めず、最後までやり遂げる根性こそが、あなたの強みです。面接や自己紹介では、「私は絶対に最後まで諦めず、着実に成果を積み上げます」と強調し、長期プロジェクトでの成果や、実際に困難を乗り越えた経験の具体例など、過去の実績を示すのが効果的。地道な努力を重ねる姿勢で、自分の価値をアピールして。

◆ ・ ・ ・ ◆

♊ 火星が双子座

「柔軟なフットワークと社交性が武器」

圧倒的なコミュニケーション能力、フットワークの軽さを前面に押し出すのが効果的。営業力や交渉力、複数にまたがる分野での実績、仲介役や橋渡し役としての成功例をアピールしましょう。多彩な趣味や知識、会話ネタの引き出しの多さ、幅広く個性的な人脈も強み。面接や自己紹介では、「私はどんな人にも合わせられる人間です」と強調し、特徴的なエピソードをユーモラスに語ることで、相手のハートをつかむことができるはず。

「誠実さと優しさで周囲から信頼を得る」

火星が蟹座

天性の才能である信頼関係構築能力、共感力と傾聴力を全面に打ち出しましょう。面接や自己紹介では、「私は相手の気持ちに寄り添うことができる人間です」と強調し、チームとしてのプロジェクトに貢献した実例、子育てや後輩育成における経験談、同僚や友人との心温まるエピソードを話してみるのが効果的です。新しい環境では、信頼関係構築の才能を活かしつつ、より広い範囲での影響力を示していくことで、活躍の場が広がります。

◆ ・ ・ ・ ◆

「自己表現力と完成度の高さをアピール」

火星が獅子座

魅力的な存在感と表現力、成果物のクオリティの高さを前面に押し出して。色褪せない遊び心とクリエイティビティも強み。面接や自己紹介では、「私は周囲を巻き込みながら、期待以上のパフォーマンスを出せます」と強調し、大規模プロジェクトでの経験、プライドをかけて完成させてきた作品の数々など、多彩な身振り手振りを交えながら、ドラマチックにアピールしていきましょう。あなたには、人をポジティブにするパワーがあります。

◆ ・ ・ ・ ◆

「誠実に働き、高い専門性を見せつける」

火星が乙女座

職人のような高い専門性や技術、細やかな配慮をアピールしましょう。これまでの人生で複雑な問題を解決した例や、効率化・手順化によって達成した成功例を話題に出して。面接や自己紹介では、「私は細部まで丁寧に対応できる人間です」と強調し、実際に自分がどんな分野が得意かを示すと良いでしょう。新たな挑戦の場面では、専門の知識やスキルを活かしつつ、より広い視野での問題解決能力を示すことで、活躍の場が広がります。

♎︎ 火星が天秤座

「対等な関係を築き、調整力を発揮する」

　類稀なるバランス感覚、協調性と調整能力を前面に打ち出しましょう。面接や自己紹介では、「私は円滑な人間関係を築くことができます」と強調し、対立する意見をまとめ上げた経験、双方が納得する解決策を導き出した事例を話してみるのが効果的です。多様な価値観を尊重した行動、どんな場面でも中立で公平な視点を貫く姿勢が印象アップに。新しい環境では、多様性を活かした取り組みへの意欲を示すことで、可能性が広がります。

◆ ・ ・ ・ ◆

♏︎ 火星が蠍座

「目標を完遂する意志と執念をアピール」

　強い意志と、圧倒的な集中力を前面に押し出して。面接や自己紹介では、「私は絶対に最後まで諦めず、自分の任務や目標を完遂しきります」と強調し、困難な状況を執念で乗り越えた経験や、長期的な戦略が成功した具体例を示しましょう。鋭い観察力と洞察力、緩急をつけた駆け引きもあなたの強み。相手の目を見つめ、1つひとつの言葉を噛みしめるようにゆっくり話すことで、あなたの魅力と価値がより伝わりやすくなるでしょう。

◆ ・ ・ ・ ◆

 火星が射手座

「情熱的に未来を語り、周囲の心をつかむ」

　大局的なビジョン、その純粋な情熱や使命感を積極的にアピールしましょう。面接や自己紹介では、自分が成し遂げたい夢や理想を、その動機や理由まで遡って、映画のストーリーのように語って。自分の夢を熱く語ることで、周囲の情熱に火をつけることができるのも、あなたならではの魅力であり強みだからです。斬新なアイデアを実現した経験談、国際的な活動や異文化交流での珍エピソードなども、周囲のハートを惹きつけるはず。

「積み重ねてきた実績をアピール」

火星が山羊座

　戦略的思考、問題解決能力、現実的な実行力を前面に押し出しましょう。面接や自己紹介では、「私は現実的な計画を立て、全体としての課題をクリアにし、目標を達成することができます」と強調し、段階的な戦略を立てて目標を達成した経験、大規模なプロジェクトを成功に導いた事例を話すのが効果的です。小さな世界におさまらず、よりスケールの大きな仕事や案件に携わることでこそ、あなたの価値が存分に発揮されるでしょう。

◆ ・ ・ ◆ ◆

「独創的なアイデアを披露する」

火星が水瓶座

　革新的思考と独創性を全面に打ち出して。面接や自己紹介では、「私は新しい価値を生み出すことができる人間です」と強調し、前例にとらわれない革命的なアイデアで問題を解決した経験談、自分なりのユニークな視点や狙いを披露することで、相手にインパクトを与えることができるでしょう。分析データやエビデンスなどを提示すると、さらに効果的。独創的な発想力や切り口を活かし、その個性的な魅力や価値をアピールしましょう。

◆ ・ ・ ◆ ◆

「共感力で人々の心を動かす」

火星が魚座

　神秘的な直感力、瞬時に相手の気持ちを体感できてしまう共感力をアピールして。面接や自己紹介では、「私は周囲の気持ちを感じ取ることができます」と強調し、優劣や上下には興味がなく、全体の調和を大事にしている姿勢を示しましょう。複雑な人間関係を調整した経験談、ギスギスした雰囲気をあなたの工夫や配慮で和ませたエピソードなどを話してみるのも効果的。あなたの優しさと慈愛が周囲の心を癒し、多くの協力を得るでしょう。

木星が表す「理想と夢」

あなたのホロスコープで木星は何座？

♈ 木星が牡羊座

「周囲にインパクトを与える」

前例や常識にとらわれない自己流のやり方で、人にインパクトを与える生き方が理想。そのためには、いくつになっても失敗を恐れないマインドが必要です。元来のパイオニア精神を発揮して、果敢にチャレンジし続けて。

♉ 木星が牡牛座

「彩り豊かな価値を創出する」

天性の美的感性と粘り強さを発揮して、彩り豊かな価値を創出することが夢。経験を積んだ今だからこそ妥協せず、自分の五感を活かせる環境を模索し続けて。納得がいくまで好きなことに打ち込める生き方が理想です。

♊ 木星が双子座

「最前線で情報を発信し続ける」

博識と柔軟な発想力を活かし、多様な媒体で情報を発信するのが理想のライフスタイル。円熟期を迎えても好奇心を失わず、学び続ける姿勢が求められます。メッセンジャーとして、積極的に流行を生み出しましょう。

♋ 木星が蟹座

「心と心の絆を増やしていく」

子育てや人材育成、チームの立ち上げなど、愛情を注ぎ、心と心の絆を育てていくような生き方が理想。人生の転換点を迎え、あなたの包容力は、さらに深みを増していきます。その慈愛精神を、惜しみなく周囲に分け与えて。

♌ 木星が獅子座

「喜びや感動の輪を広げる」

表舞台で自分の能力や特技を披露し、称賛される生き方が理想。天性のカリスマ性と存在感は成熟期を迎えても衰えません。多くの芸術作品に触れながら、エンターテイナーとしてのポテンシャルを磨き続けましょう。

♍ 木星が乙女座

「雑然としたものを整える」

節度や秩序が保たれ、物事が思いどおりに整理整頓された状態が理想。経験値が高まるごとに、あなたの几帳面さと正確さは増していきます。専門的なスキルを磨き続け、自分にとって心地良い空間を創り上げていきましょう。

天秤座
木星が

「人と人のハーモニーを紡ぐ」

　人と人との出会いを美しく繋いでいくような生き方が理想。天性の社交性は、年齢を重ねるごとに円熟みを増し、ますます人脈が広がっていくはず。1人の力では生み出せないハーモニーを、あなたが紡いでいくのです。

蠍座
木星が

「唯一無二の運命を極める」

　運命的な仕事・趣味・パートナーと向き合い、全身全霊のエネルギーを注ぐ生き方が理想。人生の節目を迎え、あなたの集中力や探究心はさらに深まっていきます。スペシャリストとしての道、唯一無二の絆を極めて。

射手座
木星が

「指導者として育成する」

　後進の育成や指導、非営利団体の運営など、人材育成や能力開発に関わるような舞台でリーダーシップを発揮することが人生の理想。グローバルに学びを深め続け、多くの人を導いていくイメージを明確にしましょう。

山羊座
木星が

「社会に貢献し、評価される」

　社会的に高い評価や地位を手にすることを夢見て、強い憧れを抱きます。人生の黄金期を迎え、元来の責任感と影響力は増していき、成功に対する野心も強くなっていくでしょう。臆せず自分の存在感をアピールして。

水瓶座
木星が

「未来を見据え、世の中に貢献する」

　社会的な出世や評価には興味がなく、純粋に世の中に貢献できるような生き方が理想。人生の転換期を過ぎてもその使命感は揺るぎません。NPOやNGOなどの活動に携わると、ポテンシャルを発揮できるでしょう。

魚座
木星が

「弱っている人を癒し、支える」

　困っている人を支援し、深くコミットすることに喜びや生き甲斐を感じます。年齢を重ねた今だからこそ、天性の共感力と優しさは深みを増しています。人の痛みに寄り添うことで、あなた自身も癒されていくはず。

木星が表す「恵まれていること、財産、還元できるもの」

あなたのホロスコープで木星は何ハウス？

木星が1ハウス

「愛されるキャラクター」

幸運の星・木星が1ハウスにある人は、家のエントランスに、常に守り神がいるようなもの。生まれながらにして幸運に恵まれた羨ましい星回りです。ピンチに陥っても、どこかから必ず救いの手が差し伸べられるはず。大らかで楽観的、皆に愛されるキャラで、特に年上から可愛がられることが多いでしょう。自分のキャラクターを積極的にアピールすることでチャンスや支援者を引き寄せ、世の中を良い方向へ変える原動力になります。

◆ • • • ◆

木星が2ハウス

「彩り豊かな感性と審美眼」

経済的・物質的な豊かさに恵まれます。特に中年期以降は金運が上がる傾向にありますが、お金に関してはアバウトで浪費家、貯蓄は下手かもしれません。生まれつきの美的感性や芸術的センスにも恵まれます。自分が美しい、心地良いと感じるものを追求していくことで、自然と豊かさに導かれていくはず。あなたの質の高いライフスタイルや本物の価値を見抜く審美眼は、多くの人を魅了し、人生を豊かにするヒントを与えるはず。

◆ • • • ◆

木星が3ハウス

「多彩な知識と言語化能力」

知的好奇心とコミュニケーションスキル、学ぶ意欲に恵まれます。人生の充実期を迎えた今だからこそ、身につけた知識や情報を惜しみなくシェアして、周囲の人々の成長を底上げしていきましょう。例えば、後輩に自分の経験やスキルを伝授する、社会に役立つ知識をインターネットを駆使してわかりやすく広めるなど、できることは沢山あるはず。主体的な発信者のポジションに立つことで、あなた自身もイキイキと輝くでしょう。

「家族的な愛情や絆」

木星が4ハウス

　家族の愛情や保護に恵まれて育つケースが多く、本人も愛情に満ち溢れています。故郷や家族を大切に思い、良い関係を維持することに力を注ぎます。年齢を重ねるごとにその愛情や包容力は深みを増し、身内の範疇を超え、社会全体を癒し、支える源泉となるでしょう。家族の問題に追われ、自分の時間が持てないことに憤りを感じる場面もあるかもしれませんが、家族との絆や愛情こそが、人生の礎であり、原動力であることを忘れないで。

◆ ・ ・ ・ ◆

「クリエイティブな感性と表現力」

木星が5ハウス

　クリエイティブな創造力と表現力、人を楽しませたいというサービス精神に恵まれます。音楽、演劇、美術、文学など芸術に関しての造詣が深く、またそういった分野で自分を表現することで、評価されやすいでしょう。エンタメ、レジャー、イベント、ファッション関連の分野でもポテンシャルを発揮できそう。いくつになっても遊び心と好奇心を失わないあなたの無邪気な輝きは、世界をよりカラフルにしていく可能性を秘めています。

◆ ・ ・ ・ ◆

「途切れない仕事のご縁」

木星が6ハウス

　安定した会社や職種、職場の人間関係に恵まれます。出張や転職の回数は多くなる傾向ですが、単身で仕事をするよりも、どこかに所属した働き方のほうが発展性があります。人の役に立つこと、頼られること、感謝されることに生き甲斐を感じるので、人から求められることは的確に察知しますが、自分自身のことには疎く、後回しになりがち。でも、あなた自身が心身ともに健やかでいることが、周囲にとっても一番の願いのはずです。

「人とのご縁で広がるチャンス」

オンオフともに、人間関係やパートナーに恵まれます。良好な人間関係を築く天性の才能があり、何か成し遂げたいことがあると、協力者や支援者が自然と現れるでしょう。また、人からの紹介やオファーを受けることで人生が発展していきます。常に人に囲まれ、人疲れするときもあるかもしれませんが、円熟みを増した今だからこそ、あなた自身が「人と人を繋ぐ架け橋」となり、世の中に豊かな価値を生み出していきましょう。

◆ ・ ・ ・ ◆

「受け継いだ資産を、受け継ぐ」

土地を相続する、芸や技術を受け継ぐなど、親族や先祖など血縁関係からの恩恵に恵まれます。木星が8ハウスにあると「玉の輿運がある」といわれたりしますが、経済的に豊かな配偶者を持つことも多いようです。結婚によって人生が激変するケースも。血縁や婚姻関係に関わらず、特定の人物や組織団体と密接な繋がりを持ちやすく、その関係性から大きな影響を受けるでしょう。受け継いだ資産を、次世代へ伝えていくこともテーマです。

◆ ・ ・ ・ ◆

「より広く、高い視点での先見力」

高い教養と専門知識、物事の真理を見抜く洞察力に恵まれます。学問や教育、出版やマスコミ、宗教や哲学、法律関係の分野に縁があり、発展性もあります。また、留学、外資系、貿易、占星学など、海外や宇宙との縁も深いでしょう。人生の黄金期を迎え、その崇高な叡智を社会に活かし、役立てるときが来ています。講演会や執筆活動を通じて多くの人々に気づきを与えるなど、より高いステージへの導き手となることを目指しましょう。

「社会の中での発展と影響力」

　仕事運に恵まれます。得意分野で評価されやすく、特に中年期以降は出世運が上がる傾向。自分が中心となって全体を動かしていく力があるので、自然とリーダー的な立場になることが多いでしょう。管理者としての責任に追われ、夢や理想を見失いそうになることもあるかもしれませんが、その都度、任務を果たしていくことで必要な飛躍を遂げていきます。専業主婦であっても積極的に社会と関わることで道が拓けていくでしょう。

◆ ・ ・ ◆

「利害を超えた同志との絆」

　交友関係に恵まれ、国籍や年齢、性別や肩書を超越したネットワークを築くことができるでしょう。夢や志を同じくする仲間やサポーターとともに、共通の目標を目指すことで、魂がイキイキと輝きます。日本という枠組みを超え、慈善事業や環境問題に携わる人も。趣味のサークルやスポーツチームを立ち上げ、純粋に活動を楽しむのも素敵。あなたの人徳、親和力、ユーモアのセンスを発揮すれば、笑顔の輪を広げていくことができるはず。

◆ ・ ・ ◆

「自他を救済・浄化するエネルギー」

　人の痛みに寄り添い、癒す力に恵まれます。人生後半戦では、その癒しのエネルギーを、社会のために役立てていきましょう。悩める人々の相談に乗ったり、心理学や精神世界について発信したりすることで、多くの人に希望と勇気を与えることができるはず。年齢を重ねた今だからこそ、自分の魂の声に耳を傾け、スピリチュアルな探求を続けて。その中で得られる真理は自分自身だけでなく、周囲の人々の人生にも光を灯すでしょう。

土星が表す「ルールと目指す完成形」

あなたのホロスコープで土星は何座？

♈ 土星が牡羊座

「ブレない信念に従って生きる」

自分で決めたルールに従い、高いモチベーションを維持しながら人生を切り拓きます。人生の折り返し地点でも、社会の常識に縛られず、自分の信念に基づいて行動することで、納得のいく生き方を全うできるはずです。

♉ 土星が牡牛座

「地盤が保証された環境で生きる」

経済的に安定した土台の上で、自分のこだわりや美意識を追求します。キャリアの充実期には、従来のように自由にいかないこともありますが、質の高い生活を目指し、誠実に生きることで後悔のない人生を送れます。

♊ 土星が双子座

「仲間とともに学び続ける」

多様性を認め合える仲間とともに、自由な発想で人生を切り拓いていきます。年齢や世間体にとらわれず、生涯を通して、学ぶ意欲を持ち続けることが大切です。学問や教育の現場に立つこともあるかもしれません。

♋ 土星が蟹座

「家族や仲間との絆を大切にする」

家族やパートナーとの絆を何よりも大切にし、信頼関係を深めていきます。自己嫌悪に陥ってしまうこともあるかもしれませんが、あなたの優しさと包容力に助けられてきたことを、家族も周囲の人もわかっているはず。

♌ 土星が獅子座

「実力が評価され、認められる」

自分の才能を存分に発揮し、周囲から認められる存在になることを追求します。年齢を重ねて自分の立場に不安を感じることもあるかもしれませんが、あなたの堂々とした風格と威厳は、多くの人を魅了し続けるはずです。

♍ 土星が乙女座

「妥協せず、完成度の高さを追求する」

周囲のニーズに応えるべく、ストイックに知識や技術を磨き続けます。時代の変化についていけないと感じる場面もあるかもしれませんが、謙虚さを忘れず地道に努力し続ける姿勢は、周囲の尊敬と信頼を集めるでしょう。

「仕事と生活のバランスを追求する」

土星が
天秤座

　天性のバランス感覚を発揮して、自分の理想のキャリアを設計していきます。人生のターニングポイントでキャリアプランに迷っても、社会の変化に合わせて臨機応変に計画を修正し、自由な生き方を実現できるはず。

「わかってもらえる場所で生きる」

土星が
蠍座

　自然体の自分でいられる環境で、深い絆と信頼で結ばれた戦友とともに、専門性を追求します。キャリアの完成期に自分の居場所に不安を感じても、理解してくれる仲間と団結し、探究心を失わず、真理を追い求めることが大切です。

「自分なりの哲学を確立する」

土星が
射手座

　新しい知識や経験を求め、ワールドワイドに人生を謳歌します。国境や人種の垣根を超え、人類すべてに共通する真理をつかもうとするでしょう。教育や研究の分野に関わることで、より充実感のある人生を送れるはず。

「経済的に自立し社会に認められる」

土星が
山羊座

　着実な努力で安定的な地位を築き、社会から尊敬される存在になるでしょう。自分の生き方が型にはまったものに思えるかもしれませんが、責任感で積み重ねてきた実績は、あなただけのもの。プライドと自信を持って。

「自分の意思を尊重して生きる」

土星が
水瓶座

　時代の潮流をつかみ、独自の価値観で人生を切り拓いていきます。周囲との考え方のズレに戸惑うこともあるかもしれませんが、常識にとらわれず、革新的な発想で社会に貢献しましょう。最後まで自分流を貫いて。

「人の痛みに寄り添い、支える」

土星が
魚座

　精神性を大切にし、深い共感性で人と繋がります。周囲の自立や出世に取り残されたような気持ちになるときもあるかもしれませんが、人の痛みに寄り添う優しさを忘れず、癒しの存在として皆を支え続けることが大切です。

土星が表す「乗り越える試練」

あなたのホロスコープで土星は何ハウス?

土星が1ハウス

「自分の実績にプライドと自信を持つ」

自分に対する理想や期待値が高すぎるがゆえ、自己評価が著しく低い傾向にあります。人生の転換期を迎えることで、若い頃のようにはいかないと感じ、さらに自信を失いそうになることも。しかし、ここまでストイックに築き上げてきた努力と実績は、けっしてあなたを裏切りません。周囲の評価に左右されず、プライドを持ち、自分のペースで一歩一歩前進していきましょう。最終的には、誰よりも強くしなやかな自分を確立できるはず。

◆ ・ ・ ・ ◆

土星が2ハウス

「お金に対する苦手意識を克服する」

人生後半戦に差し掛かり、貯蓄額が気になり始めたり、体力的な限界を感じたりするでしょう。若い頃のように頼れる地盤もなく、将来への不安が募ります。しかし、お金に対する不安や恐怖にばかり縛られてしまうと、思考が停止してしまいます。お金は豊かな経験をもたらしてくれるものだと考え、感謝や期待の気持ちを持つことが大切。苦手意識を克服するために、投資や運用などお金のことをきちんと勉強してみるのも良いでしょう。

◆ ・ ・ ・ ◆

土星が3ハウス

「学び続け、コンプレックスを克服する」

もともとコミュニケーションが苦手で人見知りな傾向にありますが、年齢とともに新しいことを覚えるのに時間がかかり、落ち込むことが多くなるかもしれません。しかし、これまでに培ってきた知識とスキル、そして人脈は、かけがえのない財産です。それを土台に好奇心を持ち続け、学び続ける姿勢が大切。興味がある分野の勉強会や、話し方、プレゼンのテクニックを学ぶ講座に参加してみることで、自信や意欲を取り戻せるはず。

「家族の問題を、覚悟とともに乗り越える」

　年齢を重ねるごとに、親の介護や病気、自分自身の老後についての不安や心配が大きくなるでしょう。家族を支えていかなければならないという責任や重圧に押しつぶされそうになることも。しかし、そこまで悩むのは、家族やホームへの想い入れが強いからこそ。後々になって後悔が残らないよう、逃げずに向き合って。1人だけで抱え込まず、信頼できる人に相談したり、社会のサポートを活用したりすることで、突破口が開けるはず。

◆ ・ ・ ・ ◆

「喪失感を、新しい光に転換していく」

　仕事が充実する反面、好きなことができなくなったり、子育てが一段落して無気力状態に陥ったり、人生が無機質なものに感じられてしまうかもしれません。しかし、いくつになっても、創造性を発揮し、人生を豊かにすることはできます。柔軟な姿勢で変化に向き合い、小さな喜びや楽しみを見つけていきましょう。年齢を重ねた今だからこそ、新しい趣味や友達を作るチャンスです。前向きな姿勢が、人生に彩りをもたらすでしょう。

◆ ・ ・ ・ ◆

「業務量を減らすことで、自分の身を守る」

　仕事上の責任が増えていくのに比例して、健康面での不安も大きくなるでしょう。以前のようにハードワークを続けることが難しくなり、体的な限界を痛感する場面も。しかし、健康に関して過剰に神経質になりすぎて、逆に具合が悪くなってしまう傾向もあるかもしれません。ここまで誠実に働いてきた経験と実績は、確実にあなたの血肉になっています。その積み重ねを信じ、負担を減らすことが大切。こまめに休息タイムを取り入れて。

「対話を深めることで、孤独を乗り越える」

年齢を重ねるほどに、価値観の違いが浮き彫りになり、仲が良かった友人やパートナーとの関係に悩んだり、孤独を感じたりするかもしれません。しかし、こうした場面でこそ真摯に相手と向き合い、対話を重ね、互いの理解を深めていくことが重要なのです。プロのカウンセリングなどを活用し、関係改善のヒントを得るのも名案。時には距離を取ることも必要かもしれません。関係改善のために努力する姿勢は、相手にもきっと伝わるはず。

◆ ・ ・ ・ ◆

「内面の強さで、依存心を克服する」

人生後半戦に差し掛かり、「自分とは何者か」を考えたとき、パートナーや他者に依存しすぎていること、あるいは、依存されすぎていることに気づくかもしれません。その結果、生きる意味や存在意義を見失ってしまうことも。しかしそんなときこそ、自分のメンタルの強さを信じて。今こそ、自分の足で立つタイミングです。自分と他者の線引きを明確に引き直すことで、失っていた本来の自分の声を取り戻すことができるでしょう。

◆ ・ ・ ・ ◆

「価値観の揺らぎを、学びで乗り越える」

年齢とともに環境が変化すると、これまで持ち続けてきた信念や価値観が揺らぎ、生き方を見失いそうになるかもしれません。しかしそんなときこそ、謙虚に学び続ける姿勢を持ち、新しい価値観や異質なスタイルを受け入れていくことが必要です。異文化交流や旅行など、視野を広げていく努力や工夫も大切。他者と積極的に意見交換をすることで、思索は深まるはずです。探求心と叡智が、あなたに新しい可能性をもたらすでしょう。

「努力と忍耐でキャリアを仕上げる」

土星が10ハウス

仕事の立場の変化とともに、重責に押しつぶされそうになったり、保身に走ったりするかもしれません。思うように結果が出ず、自分の能力に限界を感じる場合も。しかしそんなときこそ、これまで積み上げてきた経験と実績に自信を持ちましょう。忍耐力を持って、諦めずに進むことが大切です。時には立ち止まり、戦略を練り直してみるのも良いでしょう。個人としてではなく、組織レベルでの目標意識を持つことで、道は拓けるはず。

◆ ・ ・ ・ ◆

「自ら働きかけ、新たな信頼関係を築く」

土星が11ハウス

年齢を重ねるとともに、かつての友人関係が疎遠になったり、生活環境の違いから話が合わなくなったりすることも。周囲との価値観の違いに悩み、心を閉ざしてしまうこともあるでしょう。しかし、それでは何の解決にもならず、孤独感や自己否定感が増す一方です。相手に理解を求めるのではなく、あなたから歩み寄ることで、新たな信頼関係を築けるはず。疎遠になっている場合は、食事会などの集まりを企画し、自分から誘ってみて。

◆ ・ ・ ・ ◆

「心の闇や不安を、精神性で克服する」

土星が12ハウス

年齢を重ね、心身がダウンしてしまうことが増え、心の奥底にある闇やトラウマを思い知らされる場面があるかもしれません。しかし、そこで表面化した問題から目を背けないことで、本来の自分が見えてくるでしょう。瞑想やヨガ、スピリチュアルや占い、哲学の世界に触れることで不安感はやわらぐはず。必要であれば、精神世界に通じた人々の助言を求めてみるのも◎。人生の転換期にこそ、内なる自分と向き合う時間を大切にして。

ドラゴンヘッドで見る「使命」

あなたのホロスコープで
ドラゴンヘッドは何座？

♈ ドラゴンヘッドが牡羊座

「リーダーシップを発揮し、周囲を導いていく使命」

　自分の個性を存分に発揮することで、周囲を導くことが今世の使命です。人との調和や人間関係の均衡を重視するあまり、個人的な欲求をおざなりにしたり、自分の意見を言えずに我慢し続けてきた過去のクセを手放すのです。年齢を重ね、大人になった今だからこそ、他人の顔色を見て動くのではなく、まず自分自身に興味を持ち、自分の欲求や信念に従って行動していきましょう。あなたの中に眠っている情熱と使命感は周囲の人を勇気づけ、新しい道を切り拓くための原動力となるはず。誰かの後ろをついていくのではなく、世の中をより良い方向へ導いていくリーダー役や先駆者となることで、人生の真の意味に辿り着くことができるでしょう。

◆ ・ ・ ・ ◆

♉ ドラゴンヘッドが牡牛座

「芸術的感性で、物質的な豊かさを生み出す使命」

　属人的ではない、物質的な豊かさや芸術的価値を創造することが今世の使命です。情の深さ、あるいは罪悪感のようなものが強く、必要以上に他者に深入りしすぎてしまう傾向があるかもしれません。友人の悩みに肩入れしすぎたり、同僚や後輩の仕事を引き受けすぎたり、恋人やパートナーと共依存的な関係になったり、自分以外の面倒ごとに奔走しがちだったのでは？　年齢を重ね、大人になった今だからこそ、時間も労力も自分のために使うと、心に決めましょう。人と向き合うのではなく、多くの芸術作品や自然の美しさに触れ、あなた本来の芸術的感性を研ぎ澄ますのです。情に左右されない芸術的価値を生み出すことで、あなた自身も癒され、豊かになれるはず。

「多様性を認め、
広く伝えていく使命」

　多様な価値観や生き方を知り、広く伝えていくことが今世の使命です。あなたは、アカデミックな心理学や宇宙の法則といった高次元のテーマや学問を好む一方、日常的な事柄や人の気持ちに疎く、なにげない会話や雑談が苦手なのでは？ くだらない、時間の無駄、と切り捨ててきた結果、気づけば友達がいなくなっていた…なんていうことも。年齢を重ね、大人になった今だからこそ、高い山の頂上から降りて、下町の商店街に出かけていきましょう。元来のワードセンスやユーモアを駆使して、必要としている人のところに、必要な情報が行き届くような環境を創り上げていくのです。そのプロセスの中で、あなた自身も、多くの学びや気づきを得るでしょう。

◆・・・◆

「自他の感情に寄り添い、
共感の輪を広げる使命」

　自分や相手の感情に寄り添い、心の絆を育むことが今世の使命です。自立心や責任感が強く、自分にも他者にも厳しいところがあるあなた。仕事の評価や成果ばかり気にして、家族との時間を削ってしまったり、友人の悩みを聞き流してしまったりすることが多いかもしれません。しかし、本来の優しさと包容力を発揮できれば、周りの人を癒し、力強く支えることができるでしょう。年齢を重ね、大人になった今だからこそ、家族や友人、地域社会との触れ合いを大切にしましょう。また、自分の弱さや不安について他者に打ち明け、喜怒哀楽の感情を表現していくことも今後の重要なテーマです。そうすることで、結果的に、ビジネスにも好影響を与えるはず。

ドラゴンヘッドで見る「使命」

あなたのホロスコープでドラゴンヘッドは何座？

♌ ドラゴンヘッドが獅子座

「創造性を現実化し、世界を感動させる使命」

自分の中にある愛とクリエイティビティを、形にして表現することが今世の使命です。それは忙しい日常に埋没し、輝きを失っているかもしれません。例えば、斬新なアイデアを思いついても、実現させる時間と行動力が伴わなかったり、個性的すぎて周りに理解されなかったり、そうこうしているうちに自分でも忘れてしまった「宝の原石」が山ほどあるはず。完璧なロジックと独創性を追求するあまり、現実的な行動が起こせずにいた過去を見直し、もっとシンプルに、純粋な愛に立ち返って。時には仲間と協力し、より大きな舞台で活躍することも大切です。その作品やパフォーマンスが、世界中の人々を感動させ、人生に彩りをもたらすでしょう。

◆ ・ ・ ・ ◆

♍ ドラゴンヘッドが乙女座

「現実的なサポートで、困っている人々を支える使命」

具体的で実務的なサポートで、社会に貢献することが今世の使命です。あなたは信仰心が強く、占いやスピリチュアルなど目に見えない世界や神秘的な事柄に強く惹かれる一方、現実的な生活や事柄を軽視する傾向があったかもしれません。しかし、年齢を重ねた今だからこそ、その重要性を痛感しているはず。ここで、持ち前の慈愛、博愛精神、献身性が活きてきます。かつての自分のように、現実社会で生きづらい思いを抱えている人、あるいは年齢的・身体的なハンデがあり、日常的なことがうまくできない人、そういった困っている人たちのケアやサポートをしてあげるのです。あなたであれば、心と身体の両面から支え、癒していくことができるでしょう。

「人と人を繋ぎ、発展的な関係を築く使命」

♎︎ ドラゴンヘッドが天秤座

　他者との調和を図ることが今世の使命です。人に何かを頼むより、自分で動いた方が無駄がなくて早いし、気を遣わなくて楽だ、と感じやすいあなた。結果的にすべてを1人で抱え込んでしまうことが多いでしょう。年齢を重ねるごとに、「1人の力には限界があること」を突きつけられているのでは？　本来、あなたの社交性と公平な判断力は、対立や混乱を調和へと導く力になるはず。単独行動や自己完結で終わってしまうのではなく、互いの良さを引き出し合い、皆で協力し合うことで生まれるシナジーを体現しましょう。時には自分の意見を控え、相手に歩み寄ることも必要です。あなたの調整力が、人と人との絆を深め、世界に調和をもたらすでしょう。

◆　◆・・◆　◆

「内なる情熱を燃やし、真理を追求する使命」

♏︎ ドラゴンヘッドが蠍座

　深い洞察力を発揮して人生の真理に迫ることが今世の使命です。年齢を重ね、忙しい日々の生活に埋没し、生きる意味を見失いそうになるかもしれません。例えば、お金や地位ばかり追求して心の満足を得られなかったり、本当にやりたいことがわからなかったり…。まずは、物質的な豊かさ、安定や確証を求めるあまり、思考停止に陥ってしまうクセを手放しましょう。本来、あなたの探究心と集中力は、人生の根源的な問いに答えを出す原動力となるはず。物質主義に走るのではなく、自分の内面に向き合い、魂の声に耳を傾けて。時には専門分野を極め、知識を深めることも大切です。人生の真の意味は、自分自身の内面を知ることから始まるのかもしれません。

♐ ドラゴンヘッドが射手座

「広い世界に目を向け、
普遍的な本質に人を導く使命」

　人類すべてに共通する本質を抽出することが今世の使命です。年齢を重ね、生きる意味を見失い、焦りがちになるかもしれません。例えば、次々に新しいことに手を出してみては三日坊主で終わってしまったり、表面的な情報ばかり追いかけて本質を見失ってしまったりすることも。しかし、そんなときこそ、集中力を研ぎ澄ませて。あなた本来の冒険心と先見性は、未知の世界を切り拓く原動力となるはず。周囲の雑音に惑わされず、自分の信念を貫き、より広く高い視点から世界を俯瞰してみましょう。時には日本から海外に飛び出し、新しい価値観に触れることも必要です。狭い枠組みの中から外に出ることで、眠っていた才能や使命が開花するでしょう。

◆ ・ ・ ・ ◆

♑ ドラゴンヘッドが山羊座

「現実的に向き合い、
社会的責任を果たす使命」

　社会の一員としての役割を全うすることが今世の使命です。年齢を重ね、プライベートと仕事のバランスで悩む場面が増えてくるかもしれません。例えば、家族のために自分の仕事を犠牲にしてしまったり、プライベートでいっぱいいっぱいになった結果、感情的になって冷静な判断ができなかったりすることも。しかし、そんなときこそ、本来持っているはずの現実的な判断力と忍耐強さを発揮しましょう。身内の問題や個人的な感情に流されて自分の責任から逃げてしまうのではなく、1人の社会人として物事に向き合い、与えられた役割を完遂しきるのです。あなたがこれまでそうしてきたように、今度は、家族や友人があなたを支えてくれるはずです。

「独創的な発想で
人類全体の進歩に貢献する使命」

独創的なアイデアで社会全体を変革していくことが今世の使命です。自分のやり方や表現に強いこだわりがあり、説得力やカリスマ性のあるあなた。年齢を重ねるごとに、自分の価値観や美学を人に押しつけてしまったり、チームで協力することを拒んでしまったりすることが増えてくるかもしれません。しかし、あなたの独創的な発想力と反骨精神は、新しい時代を切り拓く原動力となるはず。時にはチームワークを大切にし、仲間とともに未来を創造することも必要です。意固地にならず、他者の意見も柔軟に聞き入れ、本来のプロデュース能力を発揮し、より良いものに磨き上げていくのです。そこから生み出された価値は、人類全体の進歩に役立つものとなるでしょう。

◆ ・ ・ ・ ◆

「人々の心に寄り添い、
慈愛の心で包み込む使命」

人々の傷や痛みを理解し、癒すことが今世の使命です。年齢を重ねるごとに、世界が狭まっていくような自覚があるのでは？　身近な人の短所ばかり気になって良い面を見逃してしまったり、完璧主義から抜け出せずに疲れ切ってしまったり…。自他の欠点や不足点ばかりを分析するのではなく、本来持っているはずの想像力と共感力を発揮しましょう。自分や相手の、理屈では割り切れない繊細な気持ちに寄り添い、受け止めてあげること。完璧さや正しさを追求するのではなく、弱さを許すこと。あなたの優しさと強さ、そして慈愛の心は、多くの人の心を支え、癒していくでしょう。人生の真の意味は、自分と他者を許してあげることから始まるのかもしれません。

「自分らしさを発揮できる舞台」

ドラゴンヘッドが1ハウス

　自分らしさを追求し、個性的な魅力を発揮できる舞台を探すことで、使命を果たしていきましょう。年齢を重ねると目先の損得にとらわれすぎて、本来の自分を見失いがちに。日々の生活に追われる中で、自分らしさを発揮する機会が減っているかもしれません。そんなときこそ、一度立ち止まって、自分の内面と向き合うことが大切。心の奥底にある「自分らしさ」の核を見つめ直し、それを表現する方法を考えてみましょう。自分を抑え込むのではなく、ありのままの自分を解放し、自由に生きることを選択しましょう。価値観に基づいたブランディングを行ったり、ブログやSNSで独創的なアイデアを発信したりすることで、存在感を示すことができるはず。

◆・・・◆

「美的センスを発揮できる舞台」

ドラゴンヘッドが2ハウス

　自分なりの美意識や五感を磨けるような舞台を探すことが、あなたにとって大切な使命です。年齢を重ねるごとに経済的な不安が大きくなり、好きなことに没頭する余裕がなくなることも。お金のことで頭がいっぱいになり、芸術的なものに目を向ける機会が減っているかもしれません。物質的な豊かさだけでなく、精神的な豊かさも大切にしましょう。自分の感性を刺激するような体験を積極的に取り入れ、内面から湧き上がる魂の喜びを感じること。お金では買えない、心の満足感を得られる瞬間を大切にしてください。それが、あなたの使命を果たす重要なカギになります。また、美的センスが求められる環境で働くことで、あなたの審美眼が開花するはず。

「知的好奇心を満たせる舞台」

　知的好奇心を満たし、新しい知識を吸収できる舞台を探すことが重要なテーマになるでしょう。年齢を重ねると多忙な日常に追われ、学ぶ時間がなくなってしまうことも。若い頃のように新しいことにチャレンジする気力も湧かず、知的な刺激から遠ざかっているかもしれません。そんな今だからこそ、学び続ける姿勢を取り戻して。年齢にとらわれず、常に新しい情報にアンテナを張り、知識を吸収する努力を怠らないこと。自分の興味や関心に従って、知的好奇心を追求できる舞台を見つけ、生涯にわたって学び続けるのです。専門分野の勉強会に参加したり、興味のある話題について調べたりすることが、あなたの使命を果たす上での大きなカギとなるはずです。

◆ ・ ・ ◆

「自分の居場所になる舞台」

　外の世界に出向いていくのはなく、自分の拠点や持ち場を舞台にすることで、使命を果たしていきましょう。例えば、自営業や在宅ワーク、個人オフィスや自宅サロン、あるいは受け継がれてきた家業を継ぐなど、自分自身がオーナーや看板元になるような場所や空間を創造し、時間をかけて育てていくのです。それはもしかしたら、オンラインサロンなど、インターネットの中の世界になるかもしれません。いずれにせよ、自分の領域として確立された環境に身を置くこと、自分の原点となる畑を耕していくことが、あなたの使命を果たす上での重要なカギとなるはず。家族との信頼関係や地域社会との結びつきを大切にすることも人生におけるテーマになります。

ドラゴンヘッドが5ハウス

「創造力を発揮できる舞台」

創造的な活動に打ち込み、情熱を燃やせる場所を見つけることがあなたの使命へと変わっていきます。年齢を重ねると現実的な責任に追われ、好きなことに打ち込む時間がなくなってしまうことも。仕事や家庭内における義務に縛られ、自由な創作活動を楽しめなくなっているのかもしれません。そんなときこそ、クリエイティビティを刺激する体験を積極的に取り入れて。日常から離れて、心から楽しめる活動を見つけること。そして、年齢にとらわれず、創造的な喜びを追求し続けること。人を楽しませる環境に身を置くことで、潜在的な能力が開花するはず。芸術創作に励んだり、エンタメの分野に挑戦したりすることで、個性が輝きを放つでしょう。

◆ ・ ・ ・ ◆

ドラゴンヘッドが6ハウス

「他者をサポートする舞台」

他者をサポートできるような役割や舞台を探すことで、使命を果たしていきましょう。やり方がわからなくて困っている人、誰かの力や支えが必要な人の「お助け役」になることが、あなたの使命を果たす上でのメインテーマになるでしょう。専門知識や専門資格が必要なこと、お金のこと、あるいは医療や介護など実生活面のことなど、物理的なことで手助けをしてあげるのです。肉体改造や食生活改善、メンタルケアなど、心と肉体の健康バランスを保つためのサポートをすることも考えられます。もちろん、自分自身の健康管理も忘れずに。目先の利益を追求するのではなく、世の中全体への貢献を意識することが、やりがいや使命感に繋がるはずです。

「協調性を発揮できる舞台」

　パートナーとの絆や相乗効果で、プラスの価値を生み出せる舞台を探すこと。それが使命を果たす上での大テーマになります。年齢を重ねると、価値観の違いから衝突したり、互いの理解不足からすれ違いが生じたり、人間関係の難しさを痛感するでしょう。そんなときこそ、あなたのほうから歩み寄る努力が必要です。自分の主張を押しつけるのではなく、相手の立場に立って考え、尊重すること。張り合うのではなく、譲り合う姿勢で相手に接することで、関係性は改善するはずです。友人や恋人や配偶者との関係はもちろん、ビジネスパートナーとの良好な関係を築き上げることで、1人の力では成し得ない喜びや成果を手にすることができるでしょう。

◆ ・ ・ ・ ◆

「内面の変容を遂げられる舞台」

　自分の内面と深く向き合っていく中で、自然とあなたの果たすべき使命が見えてくるはずです。年齢を重ねると、人生の荒波に揉まれ、心に大きな傷を負うこともあります。離婚や失業、借金や病気など、予期せぬ出来事に見舞われ、生きる希望を失ってしまうこともあるかもしれません。そんなときこそ、自分の内面と真摯に向き合う勇気が必要です。痛みを感じることを恐れず、心の奥底にある感情と対峙すること。そして、つらい経験から学びを得て、新しい自分に生まれ変わる決意を持つのです。深層心理と再生のプロセスに立ち向かえる舞台で、あなたの洞察力と強さが開花するはず。また、人生の危機的状況を乗り越えた自身の経験を、他者と共有することも意識してみて。

「より広い世界を見渡せる舞台」

ドラゴンヘッドが9ハウス

多様な価値観に触れ、真理を探究できる舞台を探すことが使命を全うするための第一歩です。年齢を重ねると、現実的な制約に直面し、理想と現実のギャップに悩むことも。仕事や家庭の責任に追われ、学びの時間が取れなくなっているかもしれません。そんなときこそ、人生の根本的な意味を問い直してみて。目先の利益や義務にとらわれずに、自分の存在意義を見つめ直してみましょう。そして、真理を追究する姿勢をけっして失わないことが大切です。年齢に関係なく学び続け、世界を広い視野で捉えることで、人生の深淵な意味に触れられるでしょう。哲学や心理学の分野で学んだり、異文化交流を深めたりすることで、眠っていた才能や可能性が覚醒するはず。

◆ ・ ・ ・ ◆

「リーダーシップを発揮できる舞台」

ドラゴンヘッドが10ハウス

リーダーシップを発揮することで、社会に貢献できる舞台を探すこと。それが使命を果たす上での大テーマになります。年齢を重ねると、責任の重さに押しつぶされそうになる場合も多いでしょう。部下やメンバーをまとめるのに苦労したり、組織の方針に疑問を感じたり、リーダーとしての悩みは尽きません。そんなときこそ、自分の信念に立ち返ることが大切です。目先の利害にとらわれず、大局的な視点から物事を判断すること。そして、誠実さと謙虚さを忘れずに、人々と向き合うことが求められます。時には苦しい決断を迫られることもあるでしょうが、リーダーとしての資質を磨き、大きな影響力を発揮することで、より大きな社会貢献ができるはずです。

「仲間とともに切磋琢磨できる舞台」

仲間とともに理想を追求し、成長できる環境を創り上げること。それが使命を果たす上での大テーマになります。価値観もライフスタイルも多様化している現代社会。自分の個性を大切にしながらも、周囲から逸脱しすぎてしまわないよう、調和を図る努力が必要です。あなたの場合は特に、それぞれの個性や違いを認め合い、チームワークを意識することが、使命を果たすための必須条件。1人で物事に取り組むのではなく、共鳴し合える仲間や同志を見つけること、ともに高い理想を掲げ、社会をより良くしていくための行動を起こすこと、そうすることで、あなたの可能は最大限に発揮されるはずです。多様な個性が織りなす集団の力を信じ、高みを目指しましょう。

◆　・　・　・　◆

「内面的な気づきを得られる舞台」

自分の内面と向き合い、精神性を高められる場所を舞台にすることで、なすべきことを見つけていきましょう。年齢を重ねると、仕事や家事、公私の人間関係など、さまざまな局面で行き詰まりを感じ、自分の存在意義を見失いそうになるかもしれません。そんなときこそ、自分の内面の声に耳を傾けてみて。社会的な義務や他者の期待から離れ、自分の魂が何を望んでいるのか、静かに問い続けるのです。あなたの人生の真の意味は、富や名声といった外因的なものではなく、内なる叡智に導かれて見出せるもの。哲学や深層心理、潜在意識の分野を探求することで、その深遠に触れられるはずです。人の痛みを理解し、共感することも、大きな学びやヒントになるでしょう。

マズローの欲求5段階説

前職でおよそ10年間、人材育成業界にいた私にとって、「マズローの欲求5段階説」は常に身近にあるものであり、miraimikuの占星術講座では、2018年頃からずっと、この図説を用いて、太陽と月の領域を説明してきました。

占星術において、太陽・月・水星・金星・火星は「個人惑星」と呼ばれますが（P.46）、その中でも特に、私たちの本質＝核となるのが太陽と月です。この図に当てはめると、**ピラミッド下層の「欠乏欲求」はすべて月の領域となり、最上層の「自己実現欲求」が太陽の領域**だといえるでしょう。この図とリンクさせて考えれば、月の欲求を満たしてあげることがどれほど重要か、「月を満たしてこそ太陽が輝く」ということも理解しやすいはずです。

また、この図はそもそも、個人の「自己実現」を目指すプロセスを図解したものであり、「自我の領域」だともいえます。

本書では、ミッドライフ・クライシスを乗り越えるための1つのアプローチとして、「自我から無我へ」というコンセプトを立て、「個人惑星」を超えた木星・土星・ドラゴンヘッドに多くのページを割いています。

木星以降は、このピラミッド（自我の領域）を超えて、社会に貢献・還元していくことがテーマとなり、また、大きな生き甲斐や喜びとなっていくのでしょう。

なお、マズローは晩年、6段階目として、自分のエゴを超えて他者や社会を想う欲求「自己超越欲求」も提唱しています。

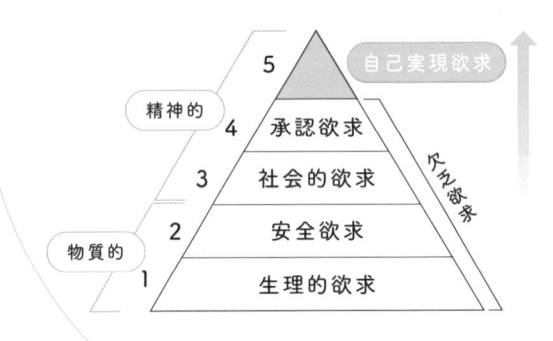

マズローの欲求5段階説

人間の欲求を5段階に分類し「下層の欲求が満たされて始めて、最上層の自己実現欲求に至る」という理論。アメリカの心理学者アブラハム・ハロルド・マズローが提唱した説で、「マズローの法則」「自己実現理論」とも呼ばれる。

星のワークで
人生後半戦の
指針を導き出す

自分の人生全体を俯瞰する
惑星年齢域とは？

10の惑星のエネルギーを順番に体験していく

　西洋占星術では、人生の各段階を惑星に対応させて考えます。私たちは人生を歩む中で、10の惑星のエネルギーを順番に体験して成長していく——この考え方を「惑星年齢域」および「惑星の発達年齢域」と呼びます（年齢の区分けにはいくつかの説があります）。

　本書では、月から土星までの7つの惑星に注目し、下の表のように、年齢域とテーマを分けています（71歳以降は天王星、海王星、冥王星といったトランスサタニアンと呼ばれる惑星の年齢域に入ります）。

　まずは、表を見て、「今現在の自分が、どの惑星の年齢域を歩んでいるのか」を確認してみましょう。

惑星年齢域

＊年齢の区切り自体には厳密にならず、あくまで「学びや成長の指標」として参考に

	惑星	年齢域	成長テーマ
個人惑星	月	0〜7歳 「幼少期」	吸収する （情緒の発達）
	水星	8歳〜15歳 「義務教育期」	基礎力を身につける （知性の発達）
	金星	16歳〜25歳 「思春期」	酸いも甘いも青春 （感性の発達）
	太陽	26歳〜35歳 「自立期」	自己確立 （目標意識の発達）
	火星	36歳〜45歳 「勝負期」	社会への挑戦、攻める 自己主張する、自ら獲得する
社会惑星	木星	46歳〜55歳 「還元期」	社会への恩返し、後世の育成 精神的余裕を持つ、許す
	土星	56歳〜70歳 「清算期」	社会的ケジメ、責任を果たす 後始末や終活を意識する

POINT

① ミッドライフクライシスは火星期に起こる

② ①を経た上で、木星期へシフトする、ということが重要なポイント

「私たちが感じる壁」は、火星期（個人惑星/自我）から、木星期（社会惑星/無我の境地）へのシフトチェンジとも言える！

惑星年齢域を知ることで
過去を整理し、未来を見据える

　例えば、現在あなたが42歳ならば、「火星の年齢域」を生きていることになります。火星の年齢域は「勝負期」にあたり、社会に向けて積極的に自分の個性を打ち出し、自らの手で欲しいものを獲得していく時期です。「太陽の年齢域」までに積み重ねてきた知識や経験を駆使し、自分の可能性に賭け、果敢に挑戦していきましょう。これまで抑えてきた「想い」があるなら、今こそ自分に正直になり、形にするタイミングです。

　そしてその先には、「還元期」にあたる木星の年齢域、「清算期」にあたる土星の年齢域が待っています。特に、**個人惑星である火星の年齢域（自我の領域）から、社会惑星である木星の年齢域（無我の境地）へのシフトは、極めて重要な転換ポイント**。積み重ねてきた成長や経験値、精神的に熟成された「人間力」が問われるフェーズになります。

　惑星年齢域を通して自分の人生全体を俯瞰して捉えることで、人生後半戦に向けて、大きな気づきやヒントが得られるはずです。主体的に、そして、より納得感を持って生きていくことができるでしょう。

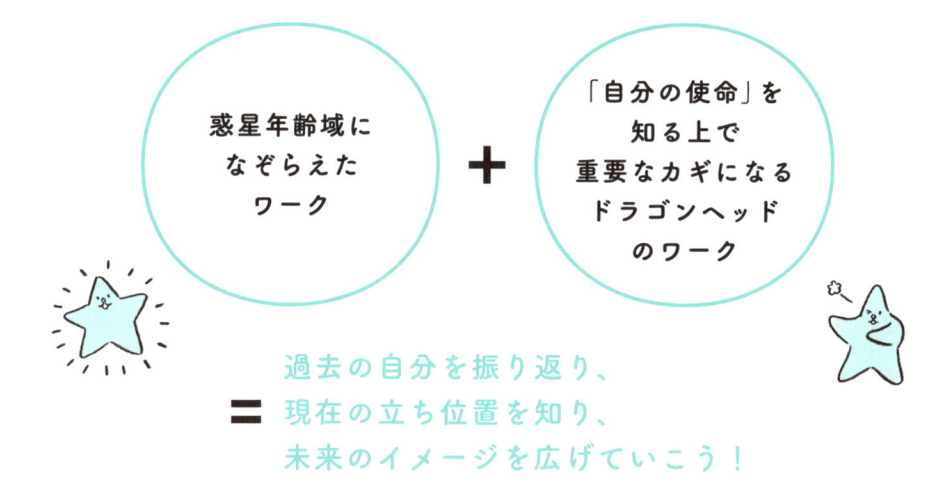

惑星年齢域に
なぞらえた
ワーク

＋

「自分の使命」を
知る上で
重要なカギになる
ドラゴンヘッド
のワーク

＝

過去の自分を振り返り、
現在の立ち位置を知り、
未来のイメージを広げていこう！

「未来の指針」を見つけるための オリジナルワークの使い方

① 各惑星の年齢域のワークをしてみよう

※P.44で自分の惑星の星座を確認しながら進めましょう

月の年齢域（0〜7歳）のワーク ➡ P.120〜121

幼少期の記憶を思い出し、満たされなかった欲求を見つめ直すことで、今の自分に必要なものを見つけましょう。

水星の年齢域（8〜15歳）のワーク ➡ P.122〜123

学校生活を振り返り、自分の強みを再発見しましょう。その強みを社会で発揮するために、どのような方法があるか考えてみましょう。

金星の年齢域（16〜25歳）のワーク ➡ P.124〜125

青春時代のトキメキを思い出し、今の自分に足りない喜びや愛を再発見しましょう。自分らしい表現方法や楽しめる趣味を見つけましょう。

太陽の年齢域（26〜35歳）のワーク ➡ P.126〜127

自分の強みや個性を再認識し、それを活かすために主体的に行動しましょう。小さな一歩から始めて、自分の成長に繋げましょう。

火星の年齢域（36〜45歳）のワーク ➡ P.128〜129

抑えてきた本音や衝動に向き合いましょう。自分の可能性に賭け、勇気を持って自分をアピールし、能動的に人生を切り拓きましょう。

木星の年齢域（46〜55歳）のワーク ➡ P.130〜131

これまでに培った知識や経験を、どう社会に還元していけるのか考えてみましょう。同時に、夢を叶えるための具体的な行動を起こしましょう。

土星の年齢域（56〜70歳）のワーク ➡ P.132〜133

　今後の人生で直面する試練を想定し、それに立ち向かう力を養いましょう。自分の価値観に基づいて行動し、後悔のない人生を送りましょう。

② ドラゴンヘッドのワークをしてみよう

ドラゴンヘッド・リターンのワーク ➡ P.134〜135

　18歳、37歳、55歳の節目に起こった出来事を振り返り、自分の本来の役割や生きる意味を見出しましょう。

最後のワーク ➡ P.136〜137

　自分の価値観と人生の目的を見つめ直し、より良い人生を送るための座右の銘を作りましょう。自分の使命を胸に、歩んでいきましょう。

③ すべてのワークを見直し、
　人生計画表を作ろう

　すべての年齢域のワークとドラゴンヘッドのワークを振り返り、各年代の自分の状況と、この先の自分へのミッションを人生計画表に書き込みましょう。

　惑星年齢域ごとにミッションを明確にすることで、自分の人生全体を俯瞰的に見つめ、より良い人生を設計するためのヒントが得られます。

今後の指針が
見えてくる！

月の年齢域を活かしたワーク

月の年齢域 **0 ～ 7 歳** （幼少期）

私の月は【　　　座】です。

0 ～ 7 歳は、その星座の性質が強く出る傾向にあります。
➡ **P.51～** の12星座のキホンで性質を確認してみましょう。

　月の年齢域（0 ～ 7 歳）は、心の基盤が形成される重要な時期です。月は「大人になりきれないままのインナーチャイルド」を表しますが、月の年齢域に受けた愛情や経験は、その後の人格形成や価値観に多大なる影響を与えます。**幼少期の記憶を辿り、丁寧に紐解いていくことで、自分の根源的な欲求や不安、感情のクセが見えてくる**でしょう。

　また、幼少期の家族との関係性や周囲の環境が自分の人生観に与えた影響を振り返ることで、自分らしさを追求しながらも、大切な人とのバランスを取るためのヒントが得られます。

　幼少期の自分自身と対話するつもりで、内なる声に耳を傾け、「満たされなかった欲求」を明文化し、受け入れていきましょう。そして、自分が求めているものを、自分で満たしてあげるための方法を考えるのです。**自分の人生の主役として、望む未来を創造していくためのワーク**に取り組んでみましょう。

WORK 1

幼少期の欲求を探ろう

幼少期を振り返り、あなたが純粋に欲していたものを思い出してみましょう。
（例：話を聞いてほしい、理由を教えてほしい、親に褒められたい、友達と遊びたい、あちこち探検したい）

その欲求が満たされたとき、あなたはどのような感情を抱いていましたか？
（例：安心感、充実感、喜び、幸せ）

逆に、その欲求が満たされなかったときは、どんな感情を抱いていましたか？
（例：寂しさ、怒り、不安、恐怖）

現在のあなたは、幼少期に抱いていた欲求を、どの程度満たせていますか？
（例：仕事では満たせているが、私生活では不足している）

WORK 2

本来の自分を見つめよう

幼少期に感じていた充足感を思い出し、今の自分に足りないものは？
（例：のびのびと好きなことをする時間が少ない）

自分の欲求を叶えてあげるために今すぐ始められることをあげてください。
（例：毎日30分だけ、本を読む時間を作る）

水星の年齢域を活かしたワーク

水星の年齢域 8～15歳（義務教育期）

私の水星は【 　　座】です。

8～15歳は、その星座の性質が強く出る傾向にあります。

➡ **P.51～** の12星座のキホンで性質を確認してみましょう。

　社会的には義務教育期にあたり、社会の中で生きていくための「基礎力」を育む時期です。この時期に経験したことや感じたことは、その後の人生に大きな影響を与えます。**学校生活の中での出来事や自分のポジションを振り返ることで、自分の能力や強みを再発見し、自信を持って未来に向かうための足がかり**にしていきましょう。

　また、水星期（義務教育期）に面した課題や困難を通して得た教訓や自分なりの解決方法は、この先のライフステージを乗り越えるための大きな糧になるはずです。

　この時期の実体験を振り返り、言語化してみましょう。**自分の能力や強みを活かして周囲にプラスの影響を与え、社会と繋がりながら独自の価値を創造していく**ためのヒントを見つけていきましょう。

WORK 1

学校生活を振り返ろう

学校生活を思い出し、自分が得意だったことのエピソードを1つ書き出してみましょう。

（例：放課後に図書室に行って本をよく読んでいた。国語が得意だった）

そのとき、あなたのどんな強みが発揮されていたと思いますか？

（例：1つのことに没頭する集中力がついた。知識が増えた）

その強みを発揮することで、周囲にどのような影響を与えましたか？

（例：頭が良い子だと思われて、何かを聞かれることが多かった）

WORK 2

その強みを社会に役立てよう

その強みを今、活かすとしたら、どのような方法があるでしょうか？

（例：読書の習慣をつけて、周囲との会話や交渉に活かす）

自分の強みを活かすことで、社会にどのような価値を提供できますか？

（例：感受性が磨かれ、周囲の痛みや苦しみを想像できる存在になる）

金星の年齢域を活かしたワーク

金星の年齢域 **16~25 歳**（思春期）

私の金星は【　　座】です。

16～25歳は、その星座の性質が強く出る傾向にあります。
➡ **P.51** ～ の12星座のキホンで性質を確認してみましょう。

　まさに青春真っ盛り、喜んだり悲しんだりと、華やかで多情多感な高校、大学、新社会人までの時期にあたります。親を疎ましく思い、自分の好きなことを追求する時代で、本格的な恋愛をし始めるのもこの頃でしょう。音楽・映画・スポーツなどの趣味も充実します。アルバイトなどでお金を稼ぎ、「金銭感覚」も身につく時期です。

　金星期（思春期）に経験した恋愛や友情、趣味や関心事は、自分の幸せや輝きを形づくる重要な要素となります。**甘く切ない青春時代の記憶を辿り、丁寧に紐解いていくことで、今の自分に足りない喜びや輝きを取り戻していきましょう。**

　また、この時期に好んでいたファッションや食べ物、美的感覚や自己表現のテイストを振り返ることで、セルフブランディングの方向性のヒントも得られるはず。**内なる喜びや感性に従って、自分を表現することの楽しさを再発見**してください。

WORK 1

青春時代のワクワクを取り戻そう

思春期を振り返り、あなたが夢中になっていたことを思い出してください。
（例：音楽に没頭していた、友人や恋人と旅行に行きまくっていた）

そのことに熱中していたとき、あなたはどのような感情を抱いていましたか？
（例：仲間との一体感、行ったことのない場所での好奇心や開放感）

現在のあなたは、思春期の喜びやワクワクを維持できていますか？
（例：音楽は趣味として続けているが、旅行へは全然行っていない）

WORK 2

自分にとっての「喜び」を再生しよう

思春期と比べて、今の自分に足りないものは何でしょうか？
（例：のびのびと好きなことをする時間が少ない）

喜びや輝きを活性化するために、今すぐ始められることをあげてください。
（例：お気に入りのコーデで出かける、創作活動に打ち込む）

パートナーや周囲の人々と一緒に楽しめそうなことを考えてみましょう。
（例：パートナーと美術館やライブに行く、友人とショッピングを楽しむ）

太陽の年齢域を活かしたワーク

太陽の年齢域 **26~35 歳** （自立期）

私の太陽は【 座】です。

26~35歳は、その星座の性質が強く出る傾向にあります。
➡ P.51〜 の12星座のキホンで性質を確認してみましょう。

　自分らしさを確立し、社会の中で「独自の価値」を発揮していく時期。幼少期を表す月が「周囲から影響を受ける」あるいは「周囲に求める」受動的な星であるのに対して、自立期の太陽は「周囲に影響を与える」自発的な星だと理解してみてください。**自分の強みや才能を見極め、それを活かして、主体的に行動する**ことが求められます。

　社会の厳しさ、自分の無力さを思い知り、挫折を味わう時期でもあります。けれども「自己確立」をするためには逃げずに向き合うことが大切。周囲と比較するのではなく、自分の内なる声に耳を傾け、自分のペースで成長できたかどうかが大切です。

　太陽は「生命エネルギー」の象徴であり、自ら光を放つ星。太陽が輝くか輝かないかは、自分次第なのです。**自分の強みを再発見し、あなたにしかできない価値を創出し、社会に「光」を提供**していきましょう。

WORK 1

自分の強みを再発見しよう

あなたが得意としてきたこと、人から褒められたことを3つあげてください。
（例：人の話を聞くこと、アイデアを出すこと、物事を論理的に考えること）

_____

その強みを発揮したエピソードを、1つ思い出してください。
（例：友人の悩みを聞いて、的確なアドバイスをしたら感謝された）

_____

その強みを活かすことで、どのような価値を社会に提供できるでしょうか？
（例：共感力と傾聴力を活かし、相談相手として人々の心の支えになる）

_____

WORK 2

主体的な行動を起こそう

ワーク1の自分の強みを、より発揮するためにできることをあげてください。
（例：もっと多くの人の話を聞く機会を作る）

_____

そのためにまず始められる小さな一歩は何でしょうか？
（例：週に1回、友人や家族と深く対話する時間を設ける）

_____

その一歩を踏み出すことで、あなたはどのように成長できるでしょうか？
（例：さまざまな悩みを抱える人々の心理をより深く理解できるようになる）

_____

火星の年齢域を活かしたワーク

火星の年齢域 36〜45 歳（勝負期）

私の火星は【　　座】です。

36〜45歳は、その星座の性質が強く出る傾向にあります。
➡ P.51〜 の12星座のキホンで性質を確認してみましょう。

───────────────────────────

　社会の中で、ある程度の経験やキャリアを積み、自分の強みや目指すべき方向性が確立する時期です。**自分の存在意義を社会に向けて積極的にアピールし、自らの手で、欲しいものを獲得**していくのが火星のパワーです。

　占星術的ミッドライフ・クライシス（P.154を参照）が、ちょうど火星期に該当することも、重要なポイントになります。

　P.117でも述べたとおり、「勝負期」にあたる火星期から「還元期」にあたる木星期へのシフトは、極めて重要な転換ポイントになります。火星期において、どれだけ自分の本音や欲望（自我）と向き合い、逃げずに闘いきったかで、木星期（無我の境地）に移行できるかどうかが決まるでしょう。**自分の本音や欲望（自我）と向き合い、社会への勝負や挑戦を仕掛けるためのワーク**をしてみましょう。

WORK 1

自分の本音と向き合おう

あなたが心の中で思っていても、口に出せずにいることを1つあげてください。

（例：リーダーの方針に納得がいかない、友人の態度にイライラする）

そのことを口に出さないのはなぜでしょうか？

（例：周囲との関係性を壊したくない、友人との衝突を恐れている）

もし、そのことを伝えるとしたら、どのような言葉で表現できますか？

（例：「この方針では、現場の声が反映されていないのではないでしょうか」）

WORK 2

自分の欲望を否定せず、解放しよう

あなたが心の奥底で抑え込んでいる欲望を1つあげてください。

（例：昇進したい、新しいことにチャレンジしたい）

その欲望を抑え込んでいるのはなぜでしょうか？

（例：周囲の目が気になる、失敗するのが怖い）

その欲望を実現するために、まず始められる一歩はどんなことですか？

（例：上司にやる気を伝える、新しいスキルを学び始める）

木星の年齢域を活かしたワーク

木星の年齢域 46〜55 歳（還元期）

私の木星は【　　座】です。

46〜55歳は、その星座の性質が強く出る傾向にあります。
➡ **P.51〜** の12星座のキホンで性質を確認してみましょう。

　月〜太陽期までに培ってきた知識や経験、そして火星期における社会への挑戦——自分自身との闘い——を経て、ひと皮むけ、精神的にゆとりが出てくるはずの時期です。**「自分が、自分が」という時代は卒業し、自然と他者（後進）の発展に協力・還元したいという気持ちが湧き、社会に恩返しをしていく**頃です。

　同時に、他者との比較や競争意識からくるものではなく、「純粋な夢」に向き合い、現実とのバランスを取りながら実現していくことも大切。年齢やしがらみにとらわれず、自分の可能性を広げるために、新しい学びやチャレンジの機会を積極的に求めていきましょう。

　あなたの持つ強みを社会に還元し、夢を叶えるための行動を起こすことで、人生はさらに豊かなものになっていくはず。**「与え合い」の精神を持ち、恵みの循環に参加するためのワーク**と向き合ってみましょう。

WORK 1

社会に貢献しよう

あなたが持つ知識や経験の中で、誰かの役に立ちそうなものを1つあげてください。

（例：長年培ってきた○○○の専門知識）

それを活かして、社会にどのような恩返しができるでしょうか？

（例：後進の育成に力を入れる）

社会への恩返しを実現するために、まず始められそうな一歩は何ですか？

（例：メンターとして若手を励ます）

WORK 2

純粋な夢を叶えよう

他者との比較や競争意識からくるものではない「純粋な夢」を1つあげてください。

（例：世界一周の旅に出る、自分のお店を持つ）

その夢を叶えるために、現実的に何ができるでしょうか？

（例：毎月○○円を貯金をする、店舗経営について学ぶ）

夢に近づくために、新たに実行することを決めましょう。

（例：語学の学習を始める、店舗経営のノウハウ本を買う）

土星の年齢域を活かしたワーク

土星の年齢域 **56~70 歳**（清算期）

私の土星は【 　　座】です。

56~70歳は、その星座の性質が強く出る傾向にあります。
➡**P.51~** の12星座のキホンで性質を確認してみましょう。

　木星期（還元期）と土星期（清算期）は「自我を超えた無我の領域」に
あたりますが、精神的にゆとりがあり、自他に対して寛容的な木星期に比
べると、ピリッと気持ちが気が引き締まるのが土星期です。それは、**自
分の人生を"総括"し、自分なりの"結論"をまとめようとする時期**だから。
ケジメをつけた上での引き際が、その人の最終的な「社会的評価」にも繋
がるでしょう。

　また、この時期は、今後待ち受ける試練に立ち向かえる力と、自分なり
の生き方のルール、選択幅を狭めるための条件やデッドラインを設ける
ことも必要。気力も体力もこれまでのようにはいかない部分もありますが、
年齢を重ねたからこそその知恵や経験値を信じ、無理せず自分のペースで着
実に前に進むことが大切です。

　「有終の美」を飾るために、自分がするべきことは何なのか。**自分の生き
方に納得し、後悔のない人生を送るためのワーク**に取り組んでみましょう。

WORK 1

試練に立ち向かう力を養おう

あなたが今後の人生で背負うことになりそうな責任や不安を1つあげてください。

（例：親の介護、定年後の生活）

_____

その責任や不安に立ち向かうために、あなたはどう行動すべきでしょうか？

（例：調整力を活かして介護を分担する、人脈を駆使して新しい仕事を見つける）

_____

その試練において、社会やシステムのどのような助けを借りられそうですか？

（例：介護サービスを利用する、シルバー雇用に登録する）

_____

WORK 2

絶対に譲れないルールや基準を持とう

あなたがこれまで大切にしてきた価値観や信念を1つあげてください。

（例：正直であること、人のために尽くすこと）

_____

その価値観や信念を体現している人物やモデルを思い浮かべてください。

（例：嘘が大嫌いだった祖父、ずっとおいしい料理を作ってくれた母）

_____

そのモデルから学んだことを、自分の人生にどう取り入れられそうですか？

（例：祖父のように胸を張って生きる、母のように思いやりを忘れない）

_____

ドラゴンヘッドのワーク

　P.63でも述べたとおり、ドラゴンヘッドは惑星ではないため「惑星年齢域」には含まれませんが、今世での使命、伸ばしたい能力や新境地などを教えてくれる重要な存在です。**このワークでは、自分の人生のターニングポイントを振り返り、生きる意味を見出すことがテーマ**になります。

　18歳、37歳、55歳前後には、自分の出生ホロスコープのドラゴンヘッドに、トランジット（運行中）のドラゴンヘッドが重なる「ドラゴンヘッド・リターン」と呼ばれるタイミングがあります。この時期には、自分の人生の目的を果たす上で必要な人との出会いがあったり、「本来のお役目」に導かれるような出来事やきっかけがあったりするなど、「人生の転機」が訪れます。**このタイミングで、自分の本来の役割や生きる意味を知る人も多い**でしょう。

　ワークを通して、自分の使命を探求し、より意義深い人生を歩むためのヒントを見つけましょう。そして、過去・現在・未来へと繋がっていく命、運命に手繰り寄せられるような人とのご縁や絆を大切に、愛を持って生きていきましょう。

ドラゴンヘッド・リターンのワーク
人生の重要なターニングポイントを丁寧に振り返ってみよう

WORK 1 18歳の自分からのメッセージ

18歳前後にイメージしていた「理想の人生」と、「現実の人生」を比べてみましょう。
（例：家族を支え、周囲の人々と楽しく過ごす人生）

WORK 2 37歳の自分へのアドバイス

37歳の自分にアドバイスを送るとしたら、どのような言葉を贈りますか？
（例：もっと周囲の人の言葉を素直に聞こう、もっと肩の力を抜いていこう）

WORK 3 55歳の自分に託す想い

まだ果たしきれていない夢を55歳の自分に託すとしたら、それはどんなことですか？
（例：田舎に移住し、地元の特産品を使った店を開く。幹事になって同窓会を開き、定期的に人生を語り合う）

最後のワーク　あなたの人生の使命を見出そう

WORK 1

あなたが生きる上で大切にしている価値観を3つあげてください。
（例：愛、自由、責任、助け合い、創造）

WORK 2

その価値観を体現するために、あなたにできることは何ですか？
（例：家族を大切にする、自分らしく生きる、与えられた役割を果たす、ボランティア活動に参加する、新しい価値を形にする）

WORK 3

あなたの人生の目的を一文で表すとしたら、どのような座右の銘になりますか？
（例：継続は力なり、明日は明日の風が吹く）

すべてのワークを見直し、「人生計画表」を作ろう

ここまで月から土星までの惑星年齢域を活かしたワークと、「今世の使命」を示唆するドラゴンヘッドのワークを行ってきました。それぞれのワークを通して、自分の過去を振り返り、現在の状況を確認し、未来のビジョンを見出していけたのではないでしょうか。

最後に、これらのワークで得られた気づきや発見を「人生計画表」にまとめていきましょう。各年代の自分がどのような状況にあり、どんなことを感じ、考えていたのか。そして、そのときどきの自分に、今の自分からメッセージを送るつもりで、この先の自分へのミッションを記入してみてください。また、P.102〜113のドラゴンヘッドからわかること、P.134〜135の「ドラゴンヘッドのワーク」を参考に、「自分の使命」を自ら考え、書き込んでいきましょう。

あなたの人生計画表

惑星	自分がどんな状況にあったか/あるか	この年齢域から学んだミッション
月 0〜7歳 （幼少期） ワーク P.120〜121	例：両親に褒められたかった ―――――――― ―――――――― ――――――――	例：自分の感情に正直に向き合う ―――――――― ―――――――― ――――――――
水星 8歳〜15歳 （義務教育期） ワーク P.122〜123	例：本好きの子どもだった ―――――――― ―――――――― ――――――――	例：培った感受性で周囲の気持ちを理解する ―――――――― ―――――――― ――――――――
金星 16歳〜25歳 （思春期） ワーク P.124〜125	例：音楽に没頭していた ―――――――― ―――――――― ――――――――	例：情熱を忘れず、自己表現を楽しむ ―――――――― ―――――――― ――――――――

惑星	自分がどんな状況にあったか/あるか	この年齢域から学んだミッション
太陽 36歳〜45歳 （自立期） ワーク P.126〜127	例：人の話を聞くのが得意である	例：アドバイザーとして社会に価値を提供する
火星 36歳〜45歳 （勝負期） ワーク P.128〜129	例：リーダーの方針に納得がいかない	例：自分の意見を勇気を持って伝える
木星 46歳〜55歳 （還元期） ワーク P.130〜131	例：専門知識を教えたいと願う	例：経験を活かし、次世代を指導する
土星 56歳〜70歳 （清算期） ワーク P.132〜133	例：親の介護に不安を感じる	例：介護を分担しつつ後悔のない人生を送る

P.69の自分の骨格を知るワークも見直してみましょう！

あなたの使命

惑星	あなたが生きる意味は？
ドラゴンヘッド ワーク P.134〜135	例：愛を持って世界と繋がる、悩んでいる人々を手助けする

運行中の惑星に注目して
短期計画を立てる

短期的で具体的な指針を立てる

ここまで、惑星年齢域とドラゴンヘッドのワークを通して、人生という大きなスパンで自分の生きる意味を探ってきました。しかし、人生は長いようで短く、特にミッドライフ・クライシスに直面する40代以降は、一年一年がとても貴重なものになります。そのため、**より短期的な視点で自分の人生を見つめ直し、計画を立てることも大切**です。

ここからは、運行中の木星、土星、火星、それに新月と満月が持つ影響・効果・作用をチェックし（右ページ）、それぞれの力を活かせる短期計画を立てていきましょう。

運行中の惑星＝「トランジットの惑星」

リアルタイムで動いている惑星のことを、「トランジットの惑星」といいます。巻末の「惑星運行表」では、トランジットの火星や木星や土星が、その時期、どの星座エリアを運行しているのか、どの星座エリアで新月や満月が起きているのかを見ることができます。これらの情報を自分の出生ホロスコープと照らし合わせることで、どのタイミングでどんなことを意識すると良いか、どんな行動を起こせば良いかがわかります。

トランジットの惑星には
どんな影響・効果・作用がある？

広げる・増やす
「追い風効果」

トランジットの木星

1つの星座に滞在するのは約1年。自分の星座にトランジットの木星が巡ってくるのは、約12年に一度。「幸運の星/ラッキースター」と呼ばれ、あらゆることに「追い風」を吹かせ、拡大・発展・増やしていくパワーがありますが、木星の恩恵を活かすには、自らの積極的な行動が必要不可欠。トランジットの木星が自分の出生ホロスコープのどのハウスに滞在しているかを知ることで、どんなことが発展しやすいか、開運のヒントやテーマがわかります。

固める・絞る
「向かい風効果」

トランジットの土星

1つの星座に滞在するのは約2年半。自分の星座にトランジットの土星が巡ってくるのは、約29年に一度。木星が「追い風」なら土星は「向かい風」で、固める、削る、絞り込むようなエネルギー。「試練の星」とも呼ばれ、努力や修行や鍛錬を促す惑星です。けれども、だからこそ、物事が具現化する、現実的に形になる、強固になる、結実や完成を迎える、といったようなプラスの効果もあるのです。まさに「教師」のような存在。

情熱や野心に火をつける
「熱風効果」

トランジットの火星

1つの星座に滞在するのは約2ヵ月。自分の星座にトランジットの火星が巡ってくるのは、約2年に一度。火星という文字どおり、物事に、あるいはあなた自身に「火をつける」惑星です。トランジットの火星が自分の出生ホロスコープのあるハウスに巡ってくると、そのハウスのテーマに対して火がつき、野心的になれるでしょう。忙しくなる、バタバタする、攻撃的になる、といった影響も。火星のエネルギーを、上手に活用していきましょう。

スタートと振り返りに
適した時期

新月と満月

「新月」は、月に一度のスタート（Plan/Do）のタイミング。それに対して「満月」は、月に1度の振り返り（Check）のタイミング。それぞれが起きるハウスのテーマに合わせて、行動計画を立てましょう。新月の時期には新しいことを始める、目標を設定する、満月の時期には成果を振り返り、調整するなどのアクションが適しています。月のサイクルを意識すると、生活やライフスタイルにメリハリが出るはず。

短期計画の立て方

惑星の位置を調べる方法

① 計画を立てたい時期の火星、木星、土星、新月・満月の運行表（P.155～）を見て、それぞれの惑星がどの星座エリアに滞在しているのか、期間内に惑星が別の星座エリアに移動するのであれば、いつ、どこに移動するのかを調べる。

※例えば木星を調べたい場合、2025年の1月1日時点だと、双子座に滞在している

（2025年の6月10日に蟹座に移動する）

2024年		
2024/05/26	08:11	双子座
2025年		
2025/06/10	05:58	蟹座

② P.42～で出した自分のホロスコープを見て、調べたい惑星が滞在している星座を、ホロスコープ外周の星座マークから見つける。

※木星は双子座に滞在しているので、ホロスコープ外周の双子座のマークを確認し、〇をつける。例えば1980年3月23日17:00生まれの人のホロスコープの場合、右図のようになる

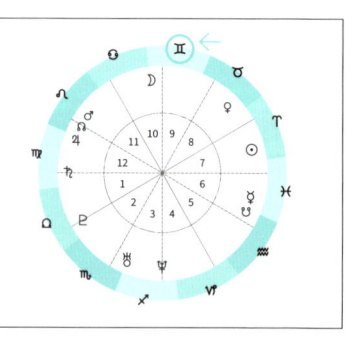

③ 星座マークが見つかったら、その星座マークの1つ前の星座との境界線にも〇をつける。

※牡牛座との境界線に〇をつける

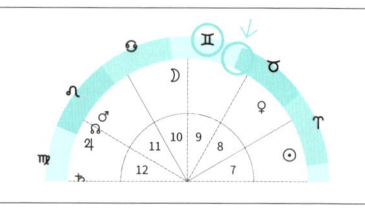

④ ③でつけた印の内側を見て、滞在しているハウスを確認する。

つけた印がハウスの
境界線（水色の点線）に
位置している場合

1ハウスと12ハウス間なら、1ハウスを見る。それ以外は、場合→数字の大きいほうのハウスを見る。

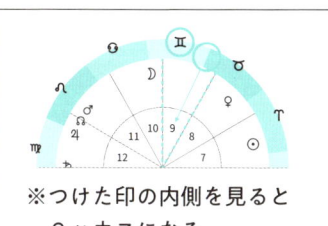

※つけた印の内側を見ると
9ハウスになる

⑤ そのハウスを参考に、その時期に何をするかの計画を立てる！

具体的にプランを立ててみよう

　それぞれの惑星がどのハウスに入ると、どんな影響が出てくるかは、次のページから詳しくお伝えしますが、例の場合でいうと、トランジットの木星が自分の出生ホロスコープの9ハウス（変化や冒険）に滞在していることになるので、思い切った挑戦や方向転換のチャンスと考えられます。そして、木星が蟹座に移動する6月10日以降は10ハウス（キャリアと社会的地位）に入るので、仕事面に力を入れるのがいいかもしれません。

　また、トランジットの土星や火星、新月・満月の位置も重要です。新月は新しい始まりを、満月は物事の完成や結果を表します。このように、トランジットの惑星の動きを理解しておくことで、より細やかな短期目標を設定したり、より効率的で最適な計画を立てたりすることができます。

こんなふうに先を見越した
計画を立てることができます

3ヵ月後は自分の出生ホロスコープの
7ハウスで満月が起きるから、
パートナーシップについて
見直すいい機会かも！

来月はトランジットの木星が
自分の出生ホロスコープの
3ハウスに入るから、
新しい学びを始めよう！

トランジットの木星（T木星）で見る

T木星があなたのホロスコープの1ハウス

「開運招福、自ら運を切り開いて！」

　木星の追い風効果が総合的に発揮される開運招福のタイミング。自ら「運」を開き、「福」を招き入れましょう。12年分の新しいテーマが始まる時期だともいえます。自然と新しいことを始めたくなるときなので、体あたりでどんどん動いて。この時期に出会った人や始めたことは、今後の自分にとって、必ずプラスになるはずです。

◆ ・ ・ ・ ◆

T木星があなたのホロスコープの2ハウス

「自分の資産を豊かにする」

　お金の出入りは激しくなりますが、金運が好調になる時期です。欲しいものが手に入る、良い買い物や物の売買ができる可能性も。同時に、自分自身のスキルやスペックに目を向けたいときでもあります。手に職をつけるなど、磨いていきたい能力がある人は、積極的にチャレンジを。芸術創作活動に打ち込むのも◎。

◆ ・ ・ ・ ◆

T木星があなたのホロスコープの3ハウス

「知識を得て、外界と接していく」

　人とのコミュニケーションやネットワークが広がる時期です。学びたい、スキルアップしたいという意欲が高まるときでもあるので、資格の勉強や習いごとをすると成果が出やすいでしょう。学びの過程において、新しい出会いがもたらされる可能性も。引っ越しや旅行、転職や出張などにも恵まれる時期です。

「追い風効果」

「故郷や家族に縁がある時期」

T木星があなたの
ホロスコープの
4ハウス

　家族、地元、住宅環境など、自分のルーツや帰属先にまつわることで、大きなイベントが起こりやすいときです。特に家族と離れて暮らしている人にとっては、慌しい時期になりそう。今後自分がどこを拠点にし、どのように暮らしていくのか、「終の棲家」を考えさせられるようなこともあるかもしれません。内面の充実もテーマ。

◆ ・ ・ ◆

「人生エンジョイ！で発展」

T木星があなたの
ホロスコープの
5ハウス

　好きなこと、楽しいこと、愛情を注ぎたいと思えるもの。そういったポジティブな感情を、行動指針に据えたい時期です。もちろん愛情といっても、恋愛だけではありません。趣味や娯楽、創作活動、推し活など、自分が楽しめば楽しむほど、運気もどんどん上向いていく好調期です。「愛すること」を学ぶときでもあります。

◆ ・ ・ ◆

「断る勇気で自分を守って」

T木星があなたの
ホロスコープの
6ハウス

　職場の環境や体制が変わる、新しい役割を任される、人と人の間を取り持つ仲介役や調整役になる…など、オン・オフともに多忙でキャパオーバーになりやすい運勢です。人のために奔走するばかりで自分の好きなことができず、ストレスを感じてしまうかも。自分や近親者の健康問題、生活改善を意識したいときでもあります。

トランジットの木星（T木星）で見る「追い風効果」

T木星があなたの
ホロスコープの
7ハウス

「人が宝。パートナーシップで恩恵」

　人間関係全般に恵まれる運勢です。結婚も離婚も再婚も、ビジネス上の取引や契約も、自分にとって有利で発展的な展開になるでしょう。「運命の出会い」にも期待。相手の存在によって、自分では気づかなかった才能が引き出されたり、性格や価値観や生き方までもが変わったりするような「変容の時期」ともいえます。

◆ ・ ・ ・ ◆

T木星があなたの
ホロスコープの
8ハウス

「特定の人や物事に深入りしていく」

　内輪の人間関係、マニアックな事柄、秘密の領域に深入りしていくような機運です。物事も人間関係も、新しく広げていくのではなく、「既に対峙しているもの」に集中し、深掘りし、より精度を高めていくことを意識しましょう。「受け継ぐこと」もテーマなので、遺産や相続、妊娠や出産、ご先祖様に縁深い時期でもあります。

◆ ・ ・ ・ ◆

T木星があなたの
ホロスコープの
9ハウス

「新しい挑戦が飛躍のカギ」

　視野も行動範囲も大きく広げていきたいときです。変化や冒険を面白がれるフットワークや柔軟性が開運のカギ。新陳代謝の年でもあるので、惰性で続けていたことをやめてみる、不毛な腐れ縁は清算するなど「思い切ったリセット」をすることで、新しいご縁が舞い込むでしょう。海外、旅行、転職、マスコミや出版も発展のキーワード。

「社会的な評価や発展に恵まれる」

T木星があなたのホロスコープの10ハウス

仕事面で大活躍＆大躍進の機運です。昇進や大抜擢、諦めかけていた夢に再びチャンスが訪れる人も。オン・オフ問わず、表舞台に立つ機会が多くなるでしょう。喜びと同じくらいプレッシャーも大きくなりそうですが、やりがいや手応えは十分なはず。1人で闘おうとするのではなく、チームワークを意識することが大切です。

◆ ・ ・ ・ ◆

人脈拡大期。次なる目標を！

T木星があなたのホロスコープの11ハウス

人間関係や横の繋がりを大きく広げ、次の目標や可能性を模索するような運勢です。私利私欲ではなく、世の中全体を良くするために…という高い視点から物事を考えられるようになるはず。ボランティアや啓蒙活動、非営利的な活動にも縁深い時期です。その中で、お互いに共鳴できる「同志」のような存在に出会えるかも。

◆ ・ ・ ・ ◆

精神的な世界を研ぎ澄ませて

T木星があなたのホロスコープの12ハウス

精神面での成長や、スピリチュアルな才能の開花が起こりやすい時期です。インスピレーションが冴え渡るときなので、魂の内なる声に従って行動を。また、自分のために何かをするよりも、誰かのために行動することが、生き甲斐や喜び、発展に繋がるでしょう。過去の清算やリセット、心身の浄化もテーマになるタイミングです。

トランジットの土星（T土星）で見る

T土星があなたのホロスコープの1ハウス

「自立と成長を果たす、重要な時期」

　土星の向かい風効果が総合的に発揮される、忍耐、修行、鍛錬のとき。自分の実力以上の仕事や責任が降りかかってきて、プレッシャーや無力感で追い込まれそう。けれども逆説的にいえば、ここで逃げてしまうと、「次のステージアップのチャンス」は29年後になってしまいます。あなたならできる、絶対に乗り越えられるはず！

◆ ・ ・ ◆

T土星があなたのホロスコープの2ハウス

「経済的な安定を最重要視する」

　変化を好まず、安定した状況や関係性を維持したいと考えるようになります。特に、経済的な安定、長期的で堅実な計画性を重視するタイミングです。自分で稼ぎ、自分で食べていける「自活力」を身につけたい時期だともいえます。貯蓄や投資や保険などに関心が向きやすい分、趣味娯楽への浪費は控える必要があるでしょう。

◆ ・ ・ ◆

T土星があなたのホロスコープの3ハウス

「苦手分野を、得意分野にする」

　苦手意識を持っているテーマに、腰を据えて向き合わなければいけない時期になります。これまで意識的に避けてきたものでも、取り組まざるを得ないような状況になったり、克服の機会が何度も訪れたりするでしょう。ここできちんと向き合うことで、大きな飛躍や成長を遂げるはず。特定分野の専門スペシャリストになる暗示も。

「向かい風効果」

「家庭問題における課題と責任」

T土星があなたのホロスコープの4ハウス

　身内関係において、重い課題や責任が生じやすい時期です。長年抱えてきた家族間の問題や、新たに生じる家庭内の緊張関係によって、大きなストレスを感じることになるかも。自分の時間や自由が奪われ、窮屈な閉塞感を覚えてしまうかもしれませんが、家族から受けた恩恵を忘れずに。恩返しをするつもりで向き合って。

◆ ・ ・ ・ ◆

「時間をかけてじっくり育む愛」

T土星があなたのホロスコープの5ハウス

　セルフコントロールが求められる時期。短絡的な欲望で突っ走ったり、刹那的な快楽に溺れたりするのではなく「時間をかけて熟成させること」の味わい深さや尊さを学びましょう。それが本物の愛かどうか、試されるような出来事もあるかもしれません。「愛を形にする」という意味で、芸術創作活動に打ち込むには良い時期。

◆ ・ ・ ・ ◆

「ビジネスマインドを鍛えるとき」

T土星があなたのホロスコープの6ハウス

　日の目を見ない地味な仕事が多くなる時期だからこそ、仕事に対する責任感や使命感が重要になってくるでしょう。サポート役やアシスタント役など、「まだ半人前」として、現場での修行体験を積み上げていく時期でもあります。ここは新人に戻ったつもりで、勉強・勉強。過労で身体を壊しやすいので、体調管理は念入りに。

トランジットの土星（T土星）で見る「向かい風効果」

T土星があなたのホロスコープの7ハウス

「人と比べず、自分を信じて」

これまでやってきたことに自信が持てなくなるかもしれません。誰かと比較してしまうことが増え、劣等感でモチベーションが低下するケースが多いでしょう。自己否定に陥りがちな時期なので、「人は人、自分は自分」と切り離して評価することを覚えておく必要があります。人づきあいは狭く深く、本当に必要な人だけに絞って。

◆ ・ ・ ・ ◆

T土星があなたのホロスコープの8ハウス

「1人で抱え込まないこと」

自分自身の問題や不手際ではないこと、パートナーや親族や所属組織の問題で、重荷を背負うようなことがあるかもしれません。遺産や相続、介護や後継者問題が浮上するケースも多い時期です。1人で抱え込むのではなく、誰かの力を借りましょう。助けを差し伸べてくれる人が必ずいることが、この時期の最大の救いです。

◆ ・ ・ ・ ◆

T土星があなたのホロスコープの9ハウス

「好機を逃さずに行動を！」

新しいこと、変化していくこと、今いる環境を離れて新しいフィールドに飛び出していくことに恐怖感を覚え、ためらいがちになってしまう時期です。いざ行動してみれば、案外うまくいくことであっても、なかなかその一歩が踏み出せなくなるでしょう。慎重さは大切な要素ですが、発揮する場面が問われる時期になります。

「プレッシャーに打ち勝って！」

これまでの仕事や実績が認められ、昇進したり、重要なポジションを任されたり、確実にキャリアアップしていく時期です。ただし、その責任の重さやプレッシャーから、嬉しいというよりも、つらい、しんどいという気持ちのほうが大きいかもしれません。まずは半年だけ頑張るつもりで向き合うと、いつの間にか乗り越えているはず。

◆ ・ ・ ◆

「被害妄想や損得勘定に注意」

グループ内での不和やいざこざが起こりやすいタイミングです。何かと悲観的に捉えやすく、被害者意識が強まってしまうでしょう。また、すぐに結果が出るもの、見返りが得られるものに固執しやすくなる時期でもあります。長期的な視点、将来的な可能性を見失わないで。友人よりも、年配者や経験者のアドバイスが突破口に。

◆ ・ ・ ◆

「メンタル強化が促される時期」

些細な出来事で落ち込みやすい時期です。普段なら気にしないことでも長く尾を引いてしまうため、どれだけうまく気分転換できるかが課題。心理学やメンタルヘルスを学ぶ、ヨガや瞑想で心身を浄化する、スピリチュアルなアプローチで現実世界を俯瞰するなど、自分の内面と丁寧に向き合うことで、潜在能力が覚醒する可能性も。

トランジットの火星（T火星）で見る

T火星があなたのホロスコープの1ハウス

「頭で考えるより足を動かす」

超多忙期。いつもより意欲的かつ大胆に動けるでしょう。一歩目を踏み出す勇気が大切。ただし、イライラ&怪我や事故には要注意。

T火星があなたのホロスコープの2ハウス

「金欲や物欲に火がつく時期」

稼ぐ意欲が活性化。お金の出入りも激しくなる時期です。事前に計画を立てて動くより、その瞬間の自分の嗅覚や欲求に従って正解。

T火星があなたのホロスコープの3ハウス

「瞬発力とフットワーク重視で！」

ピンと来たことは即、お試し感覚でやってみて。伸るか反るかの判断は後回しでOK。「とりあえず」の気軽なノリが大事なとき。

T火星があなたのホロスコープの4ハウス

「家族や居場所の問題に追われそう」

異動や引っ越しなど、環境の変化でバタバタしそう。家族や身内との関わりが増えそうだけど、攻撃的にならないよう自戒して。

T火星があなたのホロスコープの5ハウス

「愛と情熱のシーズン到来」

好きなことに情熱的に打ち込めそう。周囲のやり方や細かい話は気にせず、自分のハートが喜ぶことを最大限に追求しましょう。

T火星があなたのホロスコープの6ハウス

「自分自身の限界との戦い」

やらなければならないことに追われて身体を酷使しそう。こまめな休息タイムを忘れないで。代謝が上がるので、ダイエットは◎。

「熱風効果」

T火星があなたのホロスコープの7ハウス

「人間関係で真剣勝負のとき」

真に理解し合うためには、時には激しく衝突することも必要です。逃げずに相手と向き合い、「本物の強固な絆」を築いて。

T火星があなたのホロスコープの8ハウス

「相手から刺激的な影響を受ける」

特定の人と、密接で濃厚な関わり合いを持ちそう。相手の存在があなたの情熱や衝動を刺激し、突き動かされていくでしょう。

T火星があなたのホロスコープの9ハウス

「ここではない場所へ」が原動力

外の世界に飛び出していきたい衝動。旅行や遠出の出張など「非日常的な環境」に身を置くことで、突破口が開けるでしょう。

T火星があなたのホロスコープの10ハウス

「火事場の馬鹿力を発揮できそう」

野心に火がつき、仕事に勉強に猪突猛進。負けず嫌いを良い方向に働かせれば、自分でも驚くほどの成果を出せるでしょう。

T火星があなたのホロスコープの11ハウス

「交友関係が厚く活性化」

周りに合わせたり、遠慮したりするのではなく、自分が引っ張っていくぞ！という心意気がカギに。1人ではなく皆で楽しんで。

T火星があなたのホロスコープの12ハウス

「思い込みで自滅しないで！」

自分の被害妄想で創り上げた"敵"に苦しめられそう。しかし、相手は敵ところか、味方かもしれません。第三者に相談してみましょう。

新月のときに意識したいこと

月に1度のスタート（Plan／Do）、心機一転、目標や願いを書き出す

あなたのホロスコープの
1ハウスで起こる新月

スタートのエネルギーが、最大限に発揮される新月。まさに心機一転、新しいスタートには絶好のタイミングです。自分の殻を打ち破り、未知なる世界にチャレンジを。

あなたのホロスコープの
2ハウスで起こる新月

金銭面での目標を立て、実現に向けて踏み出すとき。新しい収入源を模索しつつ、賢明な支出を心がけ、財政的な安定を目指して。自分の価値観に基づいた豊かさの追求を。

あなたのホロスコープの
3ハウスで起こる新月

新しい勉強や習いごとを始めるには絶好のタイミング。人とのコミュニケーションを通して新しいチャンスや気づきを得る新月でもあります。情報のアンテナを敏感に。

あなたのホロスコープの
4ハウスで起こる新月

家族や住まいに関することで、新展開が起こりそうなタイミング。引っ越しやリフォーム、模様替えや不用品処分など、自分の居場所を心地良く整えることが開運アクション。

あなたのホロスコープの
5ハウスで起こる新月

自分の中にある愛がスパークするような新月。好きな人と過ごす、趣味に打ち込むなど、プライベートタイムを充実させましょう。映画や音楽や芸術を楽しむのも◎。

あなたのホロスコープの
6ハウスで起こる新月

生活サイクル、食事内容、健康状態の見直しを促す新月。自分の心と身体のメンテナンスを心がけて。日々のルーティンや業務量を減らすタイミングでもあります。

あなたのホロスコープの
7ハウスで起こる新月

人間関係におけるスタート、心機一転の新月。今の自分と同じ波動の人とは強固に繋がり、そうではない人とは自然と疎遠に。人生を変えるような、運命的な出会いにも期待。

あなたのホロスコープの
8ハウスで起こる新月

人からの影響を受けて「新しい突破口」が開くような新月です。目に見えない霊的なエネルギーに導かれるときでもあるので、パワースポットやお香などで心身の浄化を。

あなたのホロスコープの
9ハウスで起こる新月

未知なる世界に飛び込み、新しい価値観に触れたいとき。視野を広げ、選択肢や可能性を広げましょう。「いつもの自分ならしないこと」をすることが開運アクションです。

あなたのホロスコープの
10ハウスで起こる新月

新しいミッション、新しい目標が始まる日。この新月の前後で舞い込んできた仕事やオファーは、運命の導きかも。周囲を巻き込みながら、最善のゴールを目指しましょう。

あなたのホロスコープの
11ハウスで起こる新月

新しい夢、新しい仲間を示唆する新月。幸運やチャンスは「人の輪の中」にあります。チームワークやコラボレーションを意識した上での選択や行動が、未来を輝かせるカギに。

あなたのホロスコープの
12ハウスで起こる新月

リセットやデトックスを促す新月。水回りの掃除、サウナや入浴で汗を流すことが開運アクション。過去への未練や後悔は手放し、これから創り上げていく未来にフォーカスを。

満月のときに意識したいこと

月に1度の振り返り（Check）、完成、結実、感謝を込めて祈る

あなたのホロスコープの
1ハウスで起こる満月

集大成の満月。頑張ってきたことが認められる、具体的な成果となって返ってくるなど、大きな達成感を得られるでしょう。来た道が間違っていると感じた場合は軌道修正を。

あなたのホロスコープの
2ハウスで起こる満月

金銭面での努力が報われそう。感謝の気持ちを込めて受け取り、さらなる豊かさを味わって。食欲や物欲など自分の「欲」を最大限に解放し、たっぷり満たしてあげましょう。

あなたのホロスコープの
3ハウスで起こる満月

学びの成果や手応えを実感できそう。ここまでに手にした知識やスキルを実際に活用していく方法を考えていきましょう。自分の成長を誇りに思い、さらなる飛躍を目指して。

あなたのホロスコープの
4ハウスで起こる満月

いつも支えてくれる家族やパートナーに、感謝を伝えるタイミング。オフィシャル的な外用事は最低限にして、家で過ごす時間を大切にしましょう。居場所の掃除、不用品などの断捨離も◎。

あなたのホロスコープの
5ハウスで起こる満月

自分の愛情を注いできたものが、大きく実る日。創作物が完成したり、望んでいたものが手に入ったりするのかもしれません。喜び、感動、満足感を得られそうな満月です。

あなたのホロスコープの
6ハウスで起こる満月

蓄積されてきた不摂生や悪習慣、過労やストレスなどが、具体的に表面化しやすいとき。ここは無理せず自愛して。体質改善やダイエットを本格的に始めるには絶好のタイミング。

あなたのホロスコープの
7ハウスで起こる満月

交渉、契約、合意など、パートナーシップにおいて、完成や結実を迎える満月です。どんな形であるにせよ、お互いにとって納得できる答えや結論が導き出せるでしょう。

あなたのホロスコープの
8ハウスで起こる満月

ギフトの満月。人から大切なものを受け取り、その重みを噛みしめそう。人から信頼されている自分自身を称え、その想いに応えましょう。昇給昇進、臨時ボーナスの予感も。

あなたのホロスコープの
9ハウスで起こる満月

これからどこに向かうのか。その進路を左右するような重要な連絡や報告、あるいは「天の啓示」を受け取るかもしれません。受信アンテナを最大限に、視野を広く持って。

あなたのホロスコープの
10ハウスで起こる満月

仕事などオフィシャルな活動において、「達成」を迎える満月です。チームで出した成果を振り返り、喜びを分かち合って。次なる新しい目標を打ち立てるときでもあります。

あなたのホロスコープの
11ハウスで起こる満月

友情や人との絆を照らし出す満月です。チームでのプロジェクトやプランを通して得られる、充実感や達成感。お互いに切磋琢磨しながら成長できる喜びを実感できるはず。

あなたのホロスコープの
12ハウスで起こる満月

自分の中で未解決だった問題が解決したり、消化できていなかった傷が癒えたり、「心の重荷」が軽くなりそう。霊的存在やスピリチュアルな世界に救われるでしょう。

占星術的ミッドライフ・クライシス

· · · · · · · · · · · · · · · · · ·

　30代後半〜50代の8割が経験するというミッドライフ・クライシス。

　占星術な観点では、主に下記の4つのタイミングのことを指しますが、本書では、5つ目として「2度目の土星回帰※」も提示しておきます。

・T＝トランジット（運行中の惑星のこと）
・N＝ネイタル（自分の出生ホロスコープのこと）

	星の状態	該当する年齢	促されるテーマ
①	T冥王星がN冥王星と90度の角度になるとき	35〜40歳前後	極限的な体験／強制的リセット
②	T海王星がN海王星と90度の角度になるとき	40〜42歳前後	現実逃避欲求
③	T天王星がN天王星と180度の角度になるとき	42〜45歳前後	大幅な方向転換
④	T土星がN土星と180度の角度になるとき	45歳前後	見直しと再構築
⑤	2度目の土星回帰／サターン・リターン	58歳前後	自立・自己実現の総仕上げ

※「土星回帰」とは、T土星がN土星と0度になるときで、29歳前後、58歳前後、87歳前後に起こる現象

　トランジットのトランスサタニアン（P.50）と出生ホロスコープのトランスサタニアンが、ある特定の角度を形成するタイミングで、圧力のような大きなエネルギーが加わり、「強制的な方向転換」を促されるとされています。ただしこれは、破滅に向けてではなく、成長や軌道修正のための方向転換です。

　また、①から④までは、惑星年齢域（P.116）でいうと、すべて火星の年齢域（36〜45歳）で起こる、ということが何よりも重要な大注目ポイントになります。

　つまり、占星術的ミッドライフ・クライシスの観点からいっても、**火星の年齢域（36〜45歳）がいかに重要か**、ということがいえるのです。火星期において、どれだけ逃げずに闘いきったかで、木星期（無我の境地）にスムーズに移行できるかどうかが決まるでしょう。

木星、土星、火星、新月・満月の運行表

2024年〜2034年対応

P.138〜でご紹介した短期計画を立てる際に必要となる星の運行表です。
それぞれの惑星の影響・効果・作用を活かせるよう
「いつ、どの星座エリアに滞在しているか？」をチェックしましょう。

表の見方

例：2025年1月1日0:00の火星の運行は？

火星の運行表

2024年		
2024/11/4	13:07	獅子座
2025年		
2025/1/6	19:45	蟹座
2025/4/18	13:18	獅子座

2024年11月4日13:07〜は獅子座に滞在し、2025年1月6日19:45に蟹座に移ります。つまり2025年1月1日0:00時点は、獅子座に滞在しているということになります。

「追い風効果」木星の運行をCheck!

幸運が起こりやすい
時期とテーマは？

2024年		
2024/5/26	8:11	双子座
2025年		
2025/6/10	5:58	蟹座
2026年		
2026/6/30	14:48	獅子座
2027年		
2027/7/26	13:45	乙女座
2028年		
2028/8/24	14:04	天秤座
2029年		
2029/9/24	15:20	蠍座
2030年		
2030/10/23	8:10	射手座
2031年		
2031/11/15	19:25	山羊座
2032年		
2032/4/12	9:51	水瓶座
2032/6/26	22:03	山羊座
2032/11/30	12:27	水瓶座
2033年		
2033/4/15	7:43	魚座
2033/9/13	7:28	水瓶座
2033/12/2	7:35	魚座
2034年		
2034/4/21	18:42	魚座

「向かい風効果」土星の運行をCheck!

努力が必要になりそうな
時期とテーマは？

2023年		
2023/3/7	22:35	魚座
2025年		
2025/5/25	12:25	牡羊座
2025/9/1	17:16	魚座
2026年		
2026/2/14	9:04	牡羊座
2028年		
2028/4/13	12:33	牡牛座
2030年		
2030/6/1	11:28	双子座
2032年		
2032/7/14	11:10	蟹座
2034年		
2034/8/27	11:49	獅子座

「熱風効果」火星の運行をCheck!

情熱的になる時期とテーマは？

2024年		
2024/9/5	4:49	蟹座
2024/11/04	13:07	獅子座
2025年		
2025/1/6	19:45	蟹座
2025/4/18	13:18	獅子座
2025/6/17	17:33	乙女座
2025/8/7	8:21	天秤座
2025/9/22	16:53	蠍座
2025/11/4	21:59	射手座
2025/12/15	16:32	山羊座
2026年		
2026/1/23	18:15	水瓶座
2026/3/2	23:14	魚座
2026/4/10	4:34	牡羊座
2026/5/19	7:24	牡牛座
2026/6/29	4:27	双子座
2026/8/11	17:29	蟹座
2026/9/28	11:47	獅子座
2026/11/26	8:34	乙女座
2027年		
2027/2/21	23:14	獅子座
2027/5/14	23:45	乙女座
2027/7/15	14:38	天秤座
2027/9/02	10:50	蠍座
2027/10/16	8:12	射手座
2027/11/26	3:36	山羊座
2028年		
2028/1/4	1:00	水瓶座
2028/2/11	1:30	魚座
2028/3/20	4:34	牡羊座
2028/4/28	7:20	牡牛座
2028/6/8	3:18	双子座
2028/7/21	5:08	蟹座
2028/9/4	23:34	獅子座
2028/10/24	10:08	乙女座
2028/12/21	17:44	天秤座
2029年		
2029/4/7	22:11	乙女座
2029/6/5	13:46	天秤座
2029/8/8	1:01	蠍座
2029/9/23	17:12	射手座
2029/11/4	9:30	山羊座
2029/12/13	14:23	水瓶座

2030年		
2030/1/20	19:26	魚座
2030/2/28	4:05	牡羊座
2030/4/8	14:25	牡牛座
2030/5/19	18:26	双子座
2030/7/2	0:18	蟹座
2030/8/16	8:54	獅子座
2030/10/02	18:40	乙女座
2030/11/21	16:53	天秤座
2031年		
2031/1/16	7:46	蠍座
2031/8/25	17:06	射手座
2031/10/10	22:45	山羊座
2031/11/20	19:55	水瓶座
2031/12/30	0:14	魚座
2032年		
2032/2/7	4:18	牡羊座
2032/3/18	9:34	牡牛座
2032/4/29	7:43	双子座
2032/6/12	4:04	蟹座
2032/7/27	18:21	獅子座
2032/9/12	15:30	乙女座
2032/10/30	9:36	天秤座
2032/12/18	1:45	蠍座
2033年		
2033/2/6	20:12	射手座
2033/4/6	15:46	山羊座
2033/7/27	15:56	射手座
2033/8/7	8:28	山羊座
2033/10/18	6:47	水瓶座
2033/12/1	21:10	魚座
2034年		
2034/1/13	0:14	牡羊座
2034/2/24	8:24	牡牛座
2034/4/8	21:49	双子座
2034/5/23	23:27	蟹座
2034/7/9	7:50	獅子座
2034/8/25	8:44	乙女座

新月と満月の運行をCheck!
スタートと振り返りに適した時期は？

2024年		
2024/10/3	3:50	天秤座の新月
2024/10/17	20:27	牡羊座の満月
2024/11/1	21:48	蠍座の新月
2024/11/16	6:29	牡牛座の満月
2024/12/1	15:22	射手座の新月
2024/12/15	18:03	双子座の満月
2024/12/31	7:27	山羊座の新月

2025年		
2025/1/14	7:28	山羊座の満月
2025/1/29	21:37	水瓶座の新月
2025/2/12	22:54	獅子座の満月
2025/2/28	9:46	魚座の新月
2025/3/14	15:55	乙女座の満月
2025/3/29	19:59	牡羊座の新月
2025/4/13	9:23	天秤座の満月
2025/4/28	4:32	牡牛座の新月
2025/5/13	1:56	蠍座の満月
2025/5/27	12:03	双子座の新月
2025/6/11	16:44	射手座の満月
2025/6/25	19:32	蟹座の新月
2025/7/11	5:37	山羊座の満月
2025/7/25	4:12	獅子座の新月
2025/8/9	16:56	水瓶座の満月
2025/8/23	15:07	乙女座の新月
2025/9/8	3:09	魚座の満月
2025/9/22	4:55	天秤座の新月
2025/10/7	12:48	牡羊座の満月
2025/10/21	21:26	蠍座の新月
2025/11/5	22:20	牡牛座の満月
2025/11/20	15:48	射手座の新月
2025/12/5	8:15	双子座の満月
2025/12/20	10:44	射手座の新月

2026年		
2026/1/3	19:04	蟹座の満月
2026/1/19	4:53	山羊座の新月
2026/2/2	7:10	獅子座の満月
2026/2/17	21:02	水瓶座の新月
2026/3/3	20:39	乙女座の満月
2026/3/19	10:24	魚座の新月
2026/4/2	11:13	天秤座の満月
2026/4/17	20:53	牡羊座の新月
2026/5/2	2:24	蠍座の満月
2026/5/17	5:02	牡牛座の新月
2026/5/31	17:46	射手座の満月
2026/6/15	11:55	双子座の新月
2026/6/30	8:57	山羊座の満月
2026/7/14	18:44	蟹座の新月
2026/7/29	23:36	水瓶座の満月
2026/8/13	2:37	獅子座の新月
2026/8/28	13:19	魚座の満月
2026/9/11	12:27	乙女座の新月
2026/9/27	1:49	牡羊座の満月
2026/10/11	0:51	天秤座の新月
2026/10/26	13:12	牡牛座の満月
2026/11/9	16:03	蠍座の新月
2026/11/24	23:54	双子座の満月
2026/12/9	9:53	射手座の新月
2026/12/24	10:29	蟹座の満月

2027年		
2027/1/8	5:25	蟹座の満月
2027/1/22	21:18	水瓶座の新月
2027/2/7	0:57	獅子座の満月
2027/2/21	8:24	魚座の新月
2027/3/8	18:30	乙女座の満月
2027/3/22	19:45	牡羊座の新月
2027/4/7	8:52	天秤座の満月
2027/4/21	7:28	牡牛座の新月
2027/5/6	19:59	蠍座の満月
2027/5/20	20:00	双子座の新月
2027/6/5	4:41	射手座の満月
2027/6/19	9:45	蟹座の新月
2027/7/4	12:03	山羊座の満月
2027/7/19	0:45	蟹座の新月
2027/8/2	19:06	水瓶座の満月
2027/8/17	16:29	獅子座の新月
2027/9/1	2:42	魚座の満月
2027/9/16	8:04	乙女座の新月
2027/9/30	11:37	牡羊座の満月
2027/10/15	22:48	天秤座の新月
2027/10/29	22:37	牡牛座の満月
2027/11/14	12:26	蠍座の新月
2027/11/28	12:25	双子座の満月
2027/12/14	1:10	射手座の新月
2027/12/28	5:13	蟹座の満月

新月と満月の運行をCheck!

2028年		
2028/1/12	11:07	蟹座の満月
2028/1/27	0:13	水瓶座の新月
2028/2/11	0:04	獅子座の満月
2028/2/25	19:38	魚座の新月
2028/3/11	10:07	乙女座の満月
2028/3/26	13:32	牡羊座の新月
2028/4/9	19:27	天秤座の満月
2028/4/25	4:48	牡牛座の新月
2028/5/9	4:50	蠍座の満月
2028/5/24	17:17	双子座の新月
2028/6/7	15:09	射手座の満月
2028/6/23	3:28	蟹座の新月
2028/7/7	3:11	山羊座の満月
2028/7/22	12:02	獅子座の新月
2028/8/5	17:10	水瓶座の満月
2028/8/20	19:44	獅子座の新月
2028/9/4	8:48	魚座の満月
2028/9/19	3:24	乙女座の新月
2028/10/4	1:25	牡羊座の満月
2028/10/18	11:57	天秤座の新月
2028/11/2	18:18	牡牛座の満月
2028/11/16	22:19	蠍座の新月
2028/12/2	10:41	双子座の満月
2028/12/16	11:07	射手座の新月

2029年		
2029/1/1	1:49	蟹座の満月
2029/1/15	2:25	山羊座の新月
2029/1/30	15:04	獅子座の満月
2029/2/13	19:32	水瓶座の新月
2029/3/1	2:11	乙女座の満月
2029/3/15	13:20	魚座の新月
2029/3/30	11:27	天秤座の満月
2029/4/14	6:41	牡羊座の新月
2029/4/28	19:38	蠍座の満月
2029/5/13	22:43	牡牛座の新月
2029/5/28	3:38	射手座の満月
2029/6/12	12:51	双子座の新月
2029/6/26	12:23	山羊座の満月
2029/7/12	0:52	蟹座の新月
2029/7/25	22:36	水瓶座の満月
2029/8/10	10:56	獅子座の新月
2029/8/24	10:52	魚座の満月
2029/9/8	19:45	乙女座の新月
2029/9/23	1:30	牡羊座の満月
2029/10/8	4:15	天秤座の新月
2029/10/22	18:28	牡牛座の満月
2029/11/6	13:25	蠍座の新月
2029/11/21	13:04	双子座の満月
2029/12/5	23:53	射手座の新月
2029/12/21	7:47	蟹座の満月

2030年		
2030/1/4	11:50	蟹座の満月
2030/1/20	0:55	山羊座の新月
2030/2/3	1:08	獅子座の満月
2030/2/18	15:21	水瓶座の新月
2030/3/4	15:35	乙女座の満月
2030/3/20	2:57	魚座の新月
2030/4/3	7:03	天秤座の満月
2030/4/18	12:21	牡羊座の新月
2030/5/2	23:13	蠍座の満月
2030/5/17	20:20	牡牛座の新月
2030/6/1	15:22	射手座の満月
2030/6/16	3:42	双子座の新月
2030/7/1	6:35	山羊座の満月
2030/7/15	11:12	蟹座の新月
2030/7/30	20:12	水瓶座の満月
2030/8/13	19:45	獅子座の新月
2030/8/29	8:08	魚座の満月
2030/9/12	6:19	乙女座の新月
2030/9/27	18:55	牡羊座の満月
2030/10/11	19:47	天秤座の新月
2030/10/27	5:18	牡牛座の満月
2030/11/10	12:31	蠍座の新月
2030/11/25	15:47	双子座の満月
2030/12/10	7:41	射手座の新月
2030/12/25	2:33	蟹座の満月

2031年		
2031/1/9	3:27	蟹座の満月
2031/1/23	13:32	水瓶座の新月
2031/2/7	21:47	獅子座の満月
2031/2/22	0:50	魚座の新月
2031/3/9	13:30	乙女座の満月
2031/3/23	12:50	牡羊座の新月
2031/4/8	2:22	天秤座の満月
2031/4/22	1:58	牡牛座の新月
2031/5/7	12:41	蠍座の満月
2031/5/21	16:18	双子座の新月
2031/6/5	20:59	射手座の満月
2031/6/20	7:25	蟹座の新月
2031/7/5	4:02	山羊座の満月
2031/7/19	22:41	蟹座の新月
2031/8/3	10:46	水瓶座の満月
2031/8/18	13:33	獅子座の新月
2031/9/1	18:21	魚座の満月
2031/9/17	3:48	乙女座の新月
2031/10/1	3:59	牡羊座の満月
2031/10/16	17:21	天秤座の新月
2031/10/30	16:33	牡牛座の満月
2031/11/15	6:10	蠍座の新月
2031/11/29	8:19	双子座の満月
2031/12/14	18:07	射手座の新月
2031/12/29	2:34	蟹座の満月

2032年		
2032/1/13	5:07	蟹座の満月
2032/1/27	21:53	水瓶座の新月
2032/2/11	15:25	獅子座の満月
2032/2/26	16:44	魚座の新月
2032/3/12	1:25	乙女座の満月
2032/3/27	9:47	牡羊座の新月
2032/4/10	11:40	天秤座の満月
2032/4/26	0:10	牡牛座の新月
2032/5/9	22:36	蠍座の満月
2032/5/25	11:38	双子座の新月
2032/6/8	10:33	射手座の満月
2032/6/23	20:33	蟹座の新月
2032/7/7	23:42	山羊座の満月
2032/7/23	3:52	獅子座の新月
2032/8/6	14:12	水瓶座の満月
2032/8/21	10:48	獅子座の新月
2032/9/5	5:57	魚座の満月
2032/9/19	18:31	乙女座の新月
2032/10/4	22:27	牡羊座の満月
2032/10/19	3:59	天秤座の新月
2032/11/3	14:46	牡牛座の満月
2032/11/17	15:43	蠍座の新月
2032/12/3	5:54	双子座の満月
2032/12/17	5:50	射手座の新月

2033年		
2033/1/1	19:18	蟹座の満月
2033/1/15	22:08	山羊座の新月
2033/1/31	7:01	獅子座の満月
2033/2/14	16:05	水瓶座の新月
2033/3/1	17:24	乙女座の満月
2033/3/16	10:38	魚座の新月
2033/3/31	2:52	天秤座の満月
2033/4/15	4:18	牡牛座の新月
2033/4/29	11:47	蠍座の満月
2033/5/14	19:43	牡牛座の新月
2033/5/28	20:37	射手座の満月
2033/6/13	8:20	双子座の新月
2033/6/27	6:08	山羊座の満月
2033/7/12	18:29	蟹座の新月
2033/7/26	17:13	水瓶座の満月
2033/8/11	3:08	獅子座の新月
2033/8/25	6:40	魚座の満月
2033/9/9	11:21	乙女座の新月
2033/9/23	22:40	牡羊座の満月
2033/10/8	19:59	天秤座の新月
2033/10/23	16:29	牡牛座の満月
2033/11/7	5:33	蠍座の新月
2033/11/22	10:40	双子座の満月
2033/12/6	16:23	射手座の新月
2033/12/22	3:47	蟹座の満月

2034年		
2034/1/5	4:48	蟹座の満月
2034/1/20	19:02	山羊座の新月
2034/2/3	19:06	獅子座の満月
2034/2/19	8:11	水瓶座の新月
2034/3/5	11:11	乙女座の満月
2034/3/20	19:16	魚座の新月
2034/4/4	4:20	天秤座の満月
2034/4/19	4:27	牡羊座の新月
2034/5/3	21:16	蠍座の満月
2034/5/18	12:13	牡牛座の新月
2034/6/2	12:54	射手座の満月
2034/6/16	19:27	双子座の新月
2034/7/2	2:45	山羊座の満月
2034/7/16	3:16	蟹座の新月
2034/7/31	14:55	水瓶座の満月
2034/8/14	12:53	獅子座の新月
2034/8/30	1:50	魚座の満月
2034/9/13	1:14	乙女座の新月
2034/9/28	11:57	牡羊座の満月

miraimiku（みらいみく）

雑誌編集・広告制作・人材育成業界最大手など16年の会社勤務を経て、2016年に占星術師として独立。多彩なキャリアを活かした自己分析・キャリアデザイン・セルフブランディングなどを得意分野とする。「正しい・正しくない」の議論、机上の理屈、難しく高尚な学問としての占星術ではなく、何より現場に寄り添う占星術【星を現実に活かす】【身の丈サイズの占星術】を追求。自身のサイト『西洋占星術の入口』では【Welcome to Astrology】をスローガンに掲げ、初心者の方に占星術の魅力をわかりやすく楽しく知ってもらうことを最大ミッションにする。現場での鑑定を最重要視しながら、講座や講演、雑誌やWEBの連載、LINEアプリなど占いコンテンツの監修も多数。ブログ総計は2000万PV、SNS総フォロワー数は5万人を超える。著書に『変えるのではなく本来の自分を取り戻す　はじめての「ホロスコープ自己分析」ノート』（日本文芸社）がある。

公式サイト『西洋占星術の入口〜Welcome to Astrology』
https://miraimiku.net/
X：@miraimiku_bot
Instagram：miraimiku_astrology

公式LINE

イラスト	山中 玲奈
デザイン	吉村亮　石井志歩（Yoshi-des.）
編集、執筆協力、校正	西瓜社

じんせいこうはんせん　　い　　かた　せんりゃく
人生後半戦の生き方戦略
さい　　　　　おとな　　せんせいじゅつ
40歳からの大人の占星術

2024年11月1日 第1刷発行

著　者	miraimiku
発行者	竹村 響
印刷所	株式会社文化カラー印刷
製本所	大口製本印刷株式会社
発行所	株式会社日本文芸社
	〒100-0003
	東京都千代田区一ツ橋1-1-1　パレスサイドビル8F

Printed in Japan　　112241016-112241016 Ⓝ01（310104）
ISBN978-4-537-22246-3
©miraimiku 2024
編集担当：河合